AF526120

Cómo son los animales y cómo dibujarlos

Ai Akikusa

Traducción de Marta Moya
(DARUMA Serveis Lingüístics, SL)

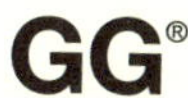

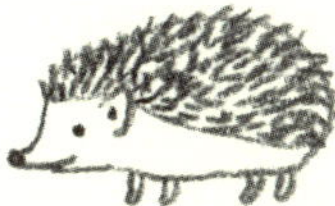

Índice

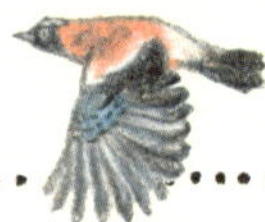

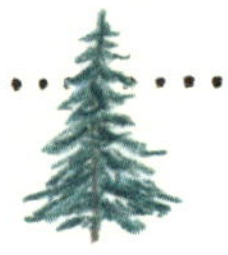

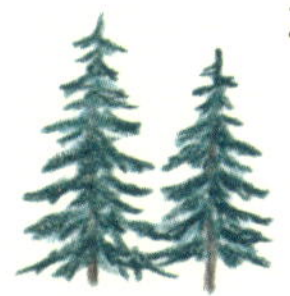

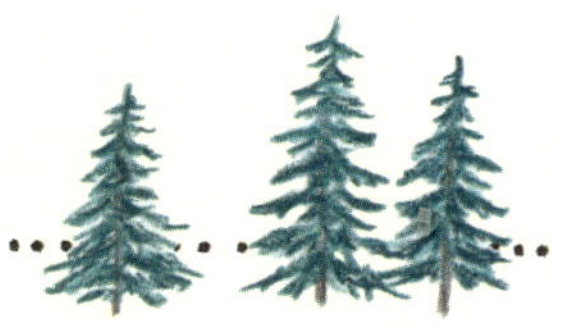

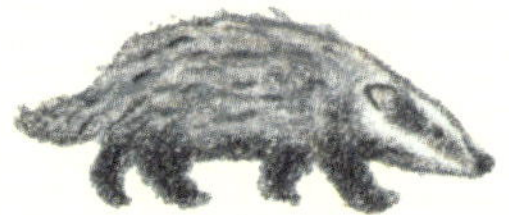

Para empezar

Si observamos con atención la silueta de un animal, veremos que en su cuerpo hay partes que parecen hundirse y otras que sobresalen. Estas sirven a distintos propósitos, como por ejemplo correr muy rápido o comer con mayor facilidad. Con este libro te lo pasarás en grande dibujando animales mientras prestas atención a estas particularidades. Lo que quiero no es tanto que dibujes los animales siguiendo el modelo, sino que te lo pases bien descubriendo las características de cada uno de ellos. De este modo, poco a poco, irás identificando los rasgos que mejor definen a cada uno. Luego, a medida que vayas cogiendo confianza, atrévete también a dibujarlos no solo quietos y erguidos, sino en distintas posiciones, como corriendo o durmiendo.

El cuerpo de los animales

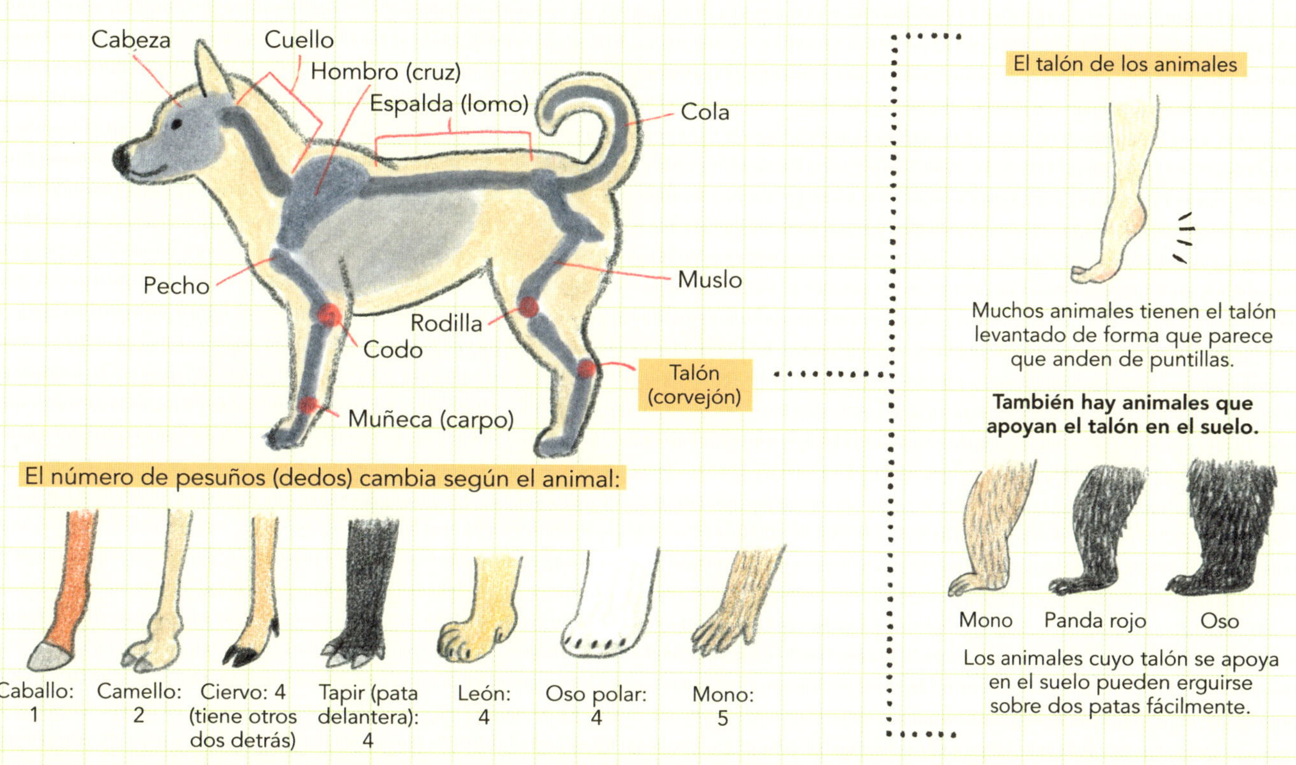

La cara de los animales

La posición de los ojos

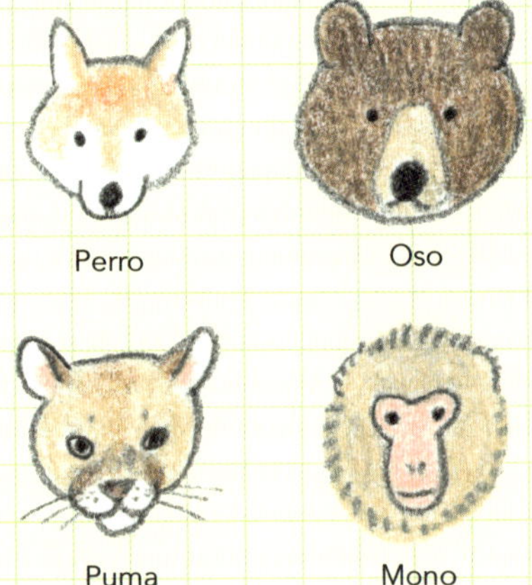

Tienen los ojos al frente.

Muchos animales carnívoros tienen unos ojos que les permiten mirar de frente a su presa.

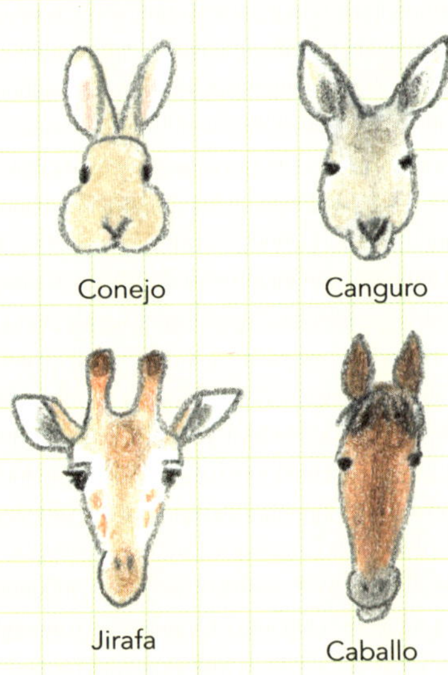

Tienen los ojos en los laterales.

Muchos animales herbívoros gozan de un campo de visión muy amplio para poder huir de sus depredadores.

La forma de la frente a la nariz

Rostros con escalón

Mono

La nariz sobresale solo un poco.

Gato

Hay poco desnivel y el cráneo es plano.

Nutria

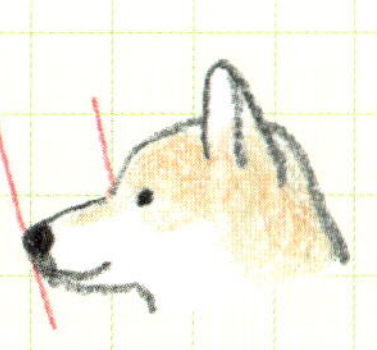

Perro

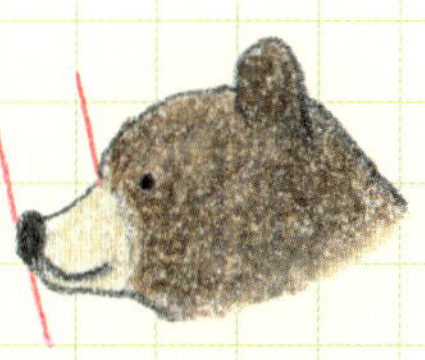

Oso

Rostros sin escalón

Es casi recto.

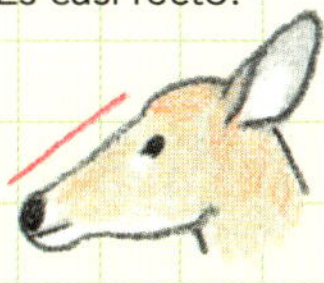

Ciervo

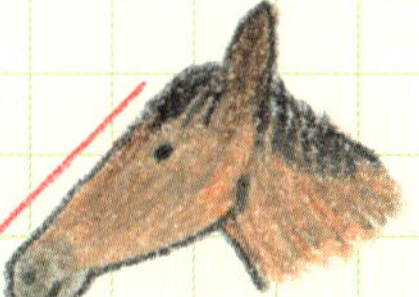

Caballo

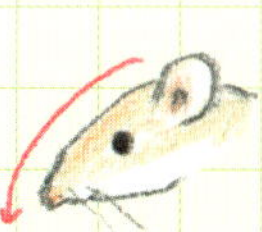

Ratón

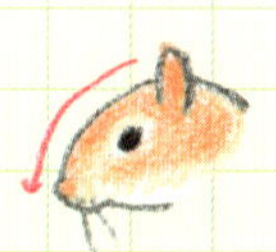

Ardilla

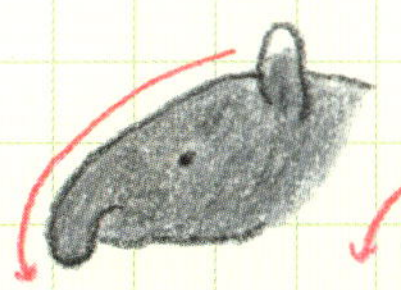

Tapir

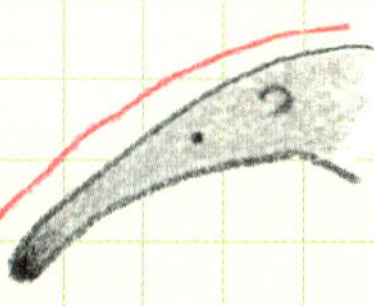

Oso hormiguero

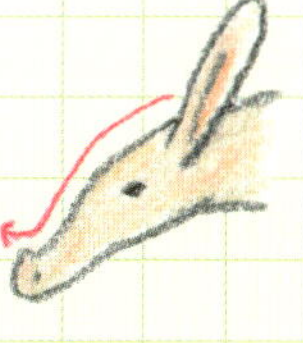

Cerdo hormiguero

Captar la silueta

Cuando observes la silueta de un animal, fíjate en las características de las proporciones entre estos tres bloques: cabeza, tronco y patas. Para empezar, echaremos un vistazo a unos cuantos perros con cuerpos muy diferentes.

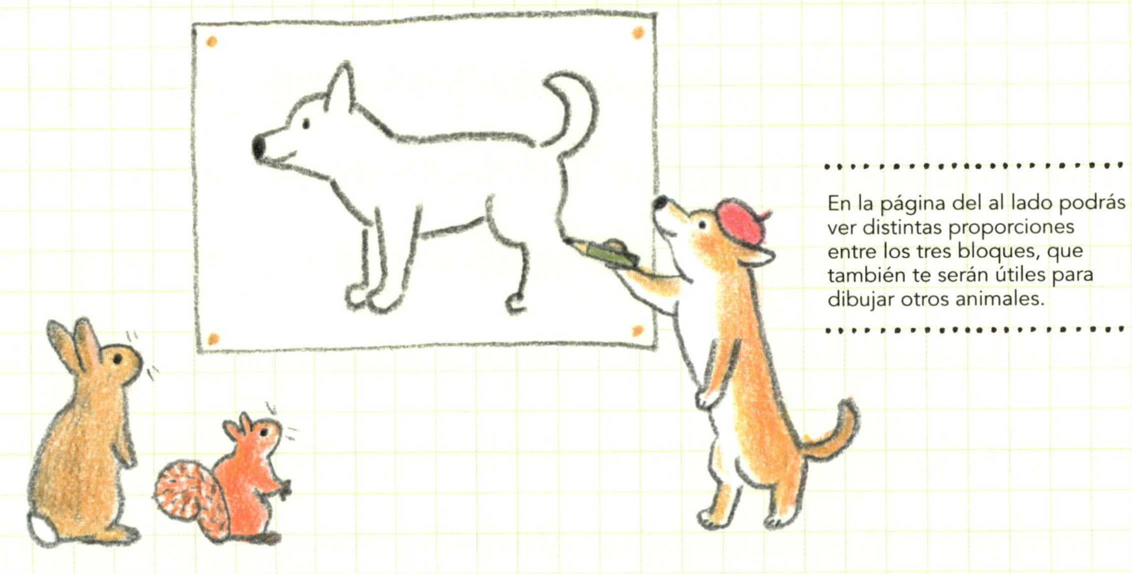

En la página del al lado podrás ver distintas proporciones entre los tres bloques, que también te serán útiles para dibujar otros animales.

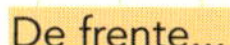

De frente...

Aunque todos sean perros, el ancho del cuerpo y de la cara cambian mucho en función de la raza.

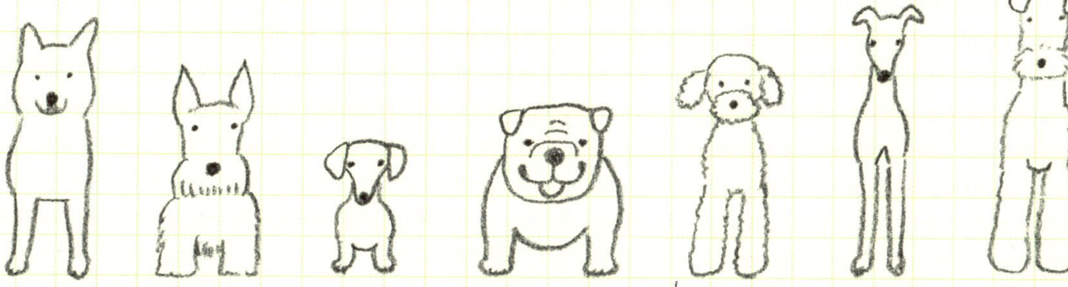

Cara grande en relación con el cuerpo

Silueta ancha

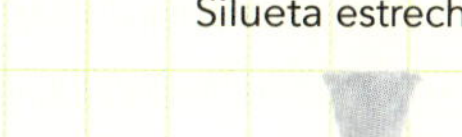

Silueta estrecha

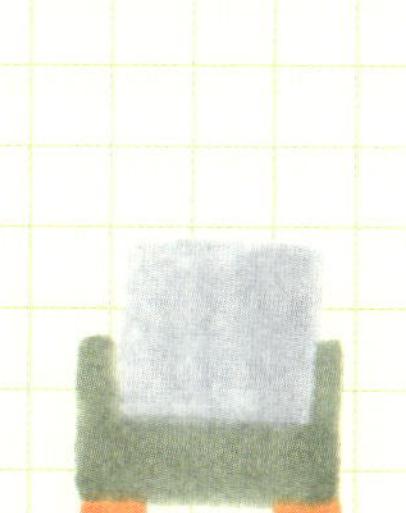

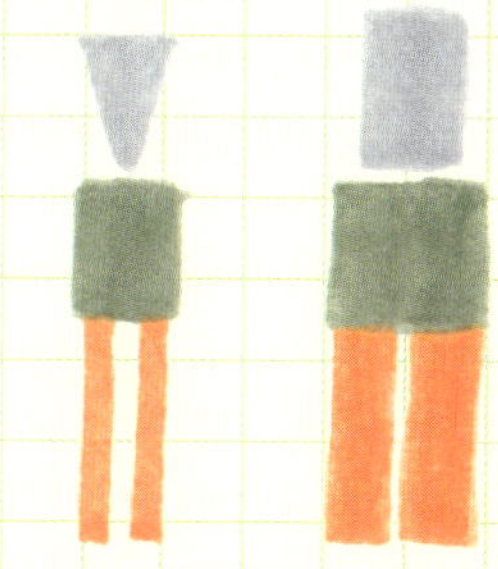

De perfil...

Observa la proporción entre la longitud del tronco y de las patas.

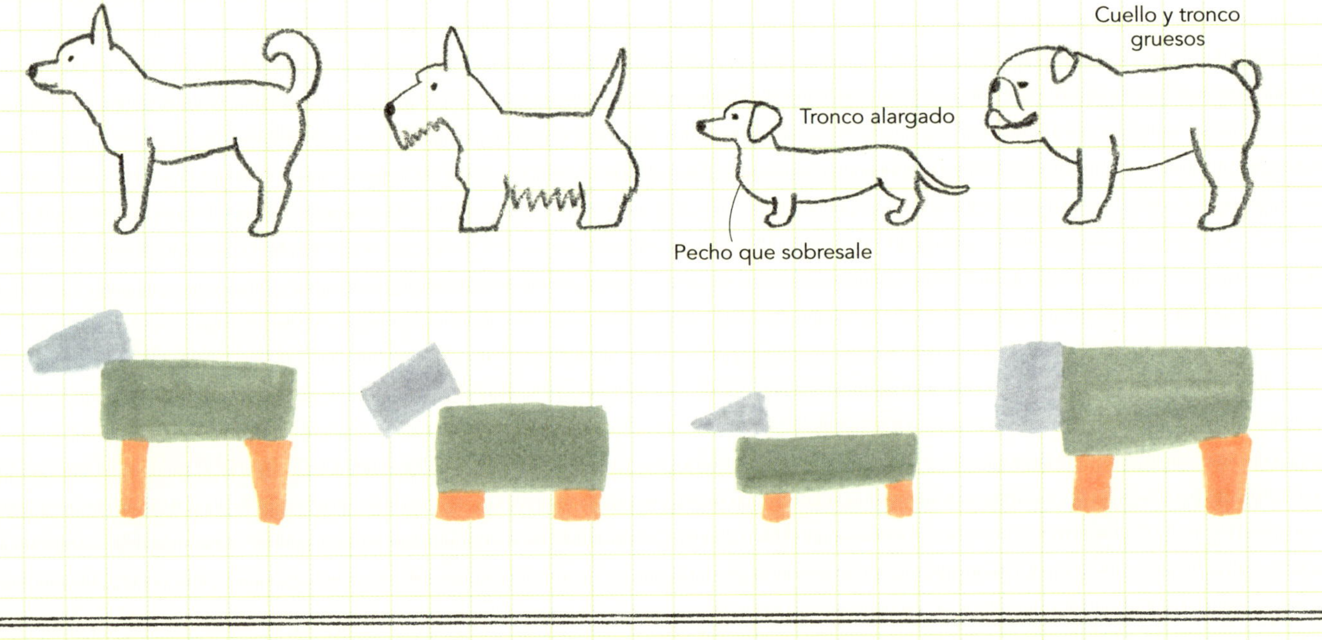

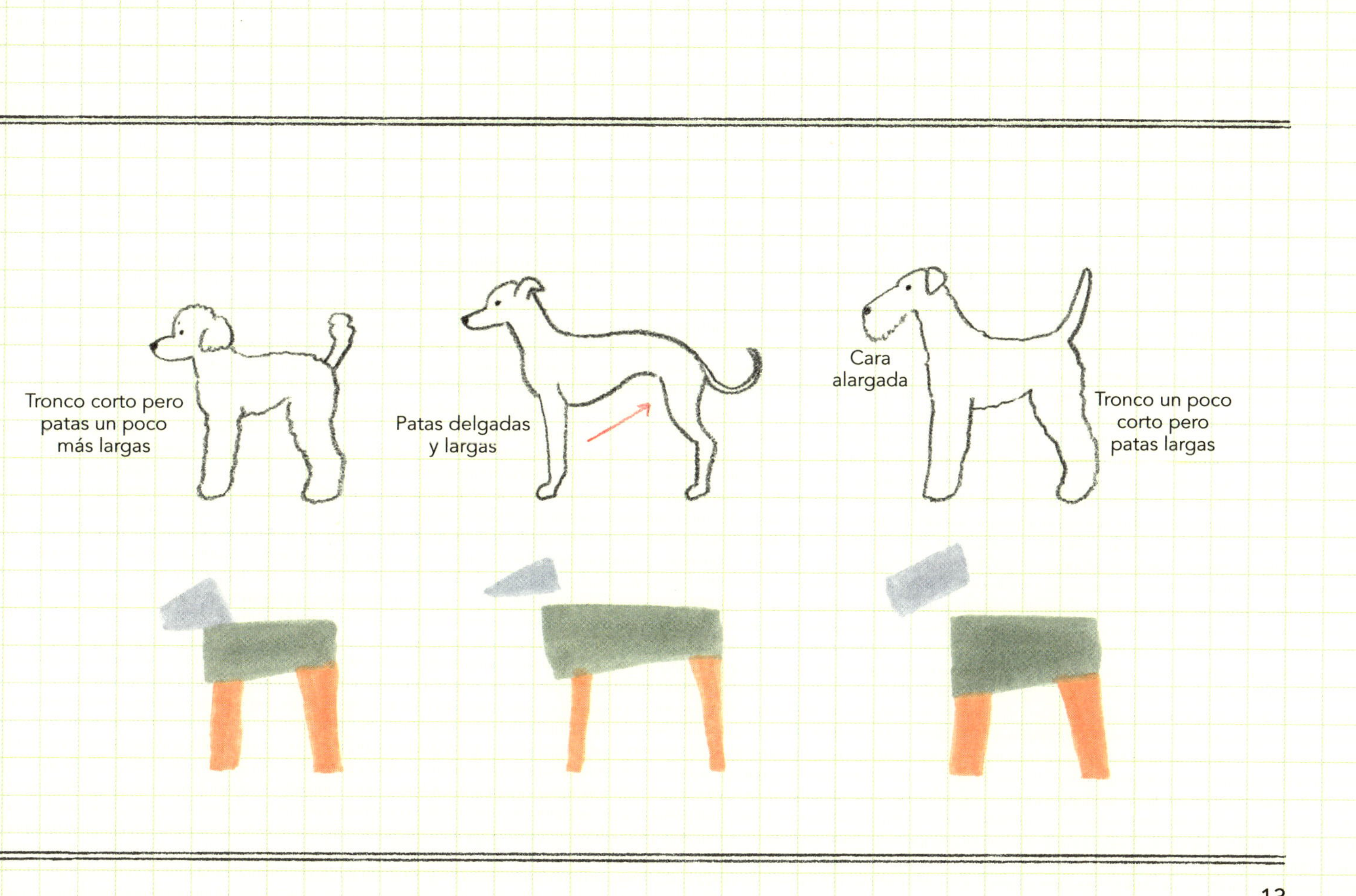
Tronco corto pero
patas un poco
más largas
Patas delgadas
y largas
Cara
alargada
Tronco un poco
corto pero
patas largas

La proporción de la cara

Observa cada cara en su conjunto, la distancia entre los dos ojos, la distancia entre los ojos y la nariz, etc.

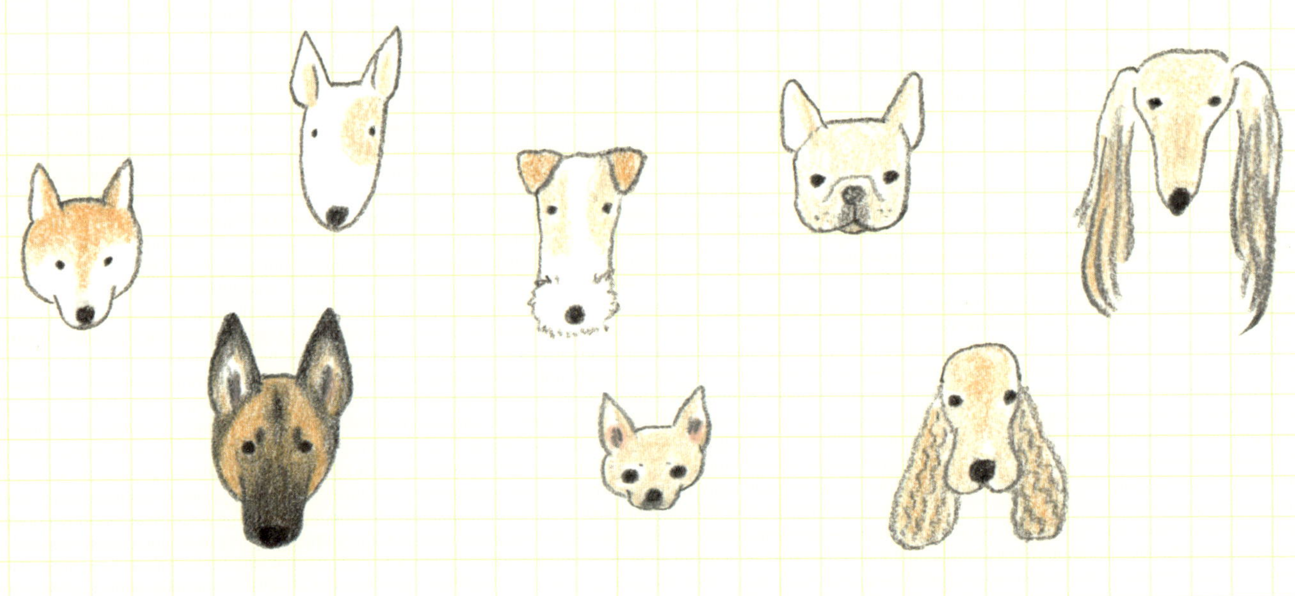

¿Cómo es el escalón entre la frente y la nariz? ¿Cómo de largo es el hocico?

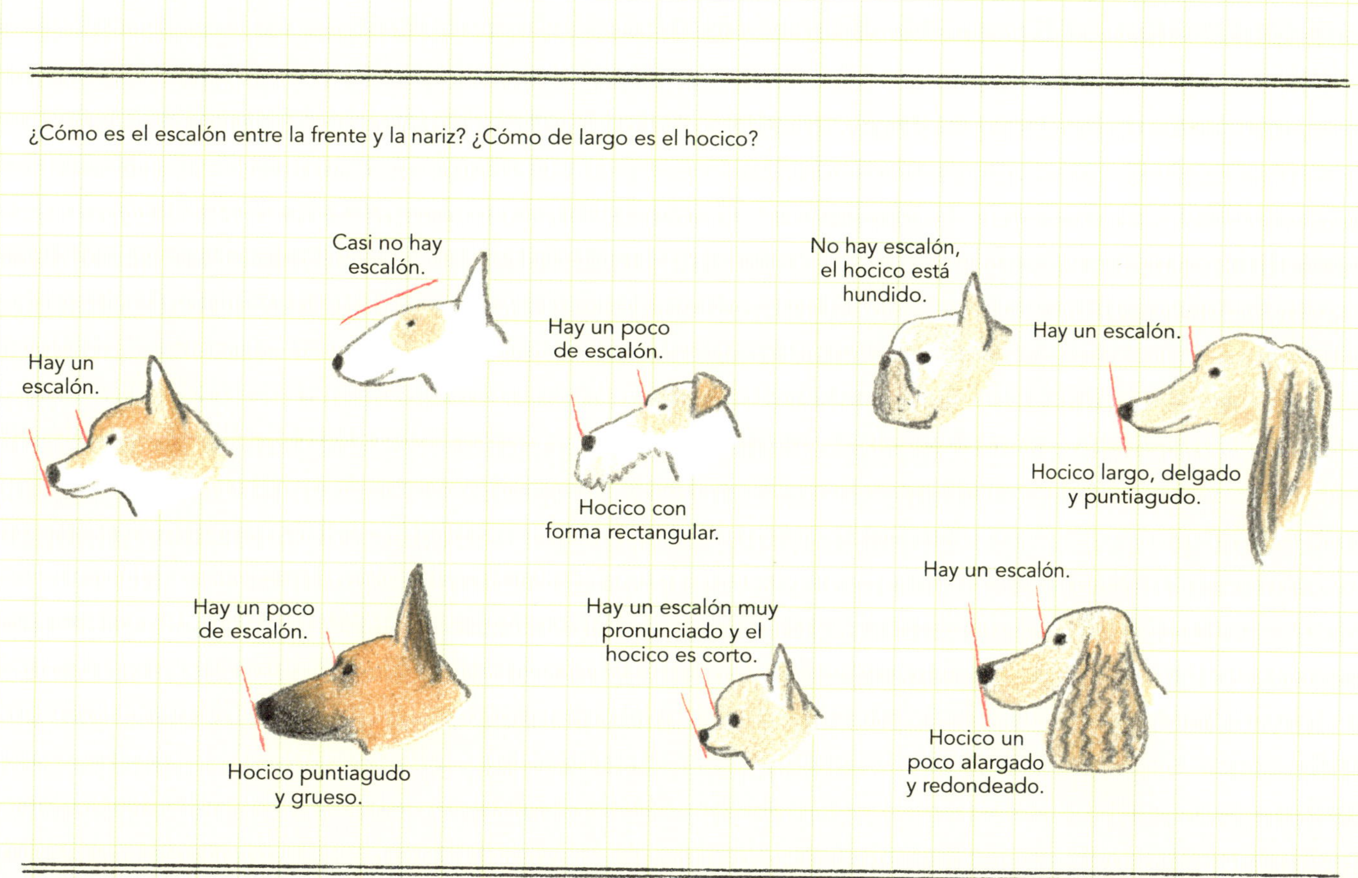

El shiba inu (familia de los cánidos)

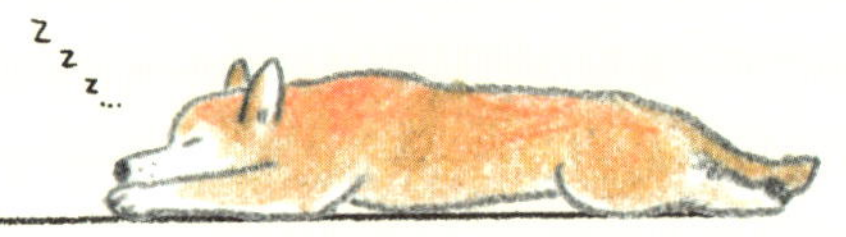

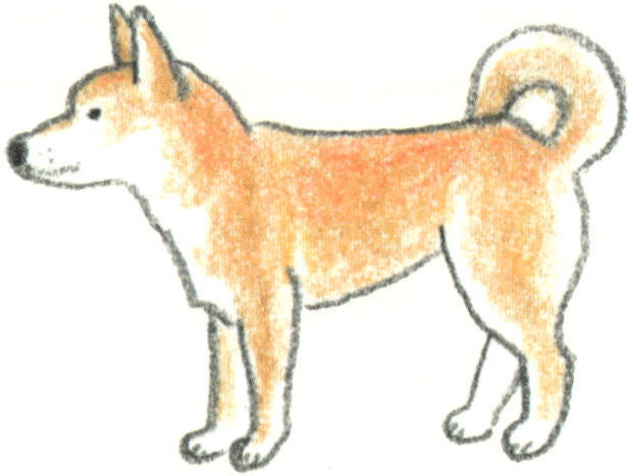

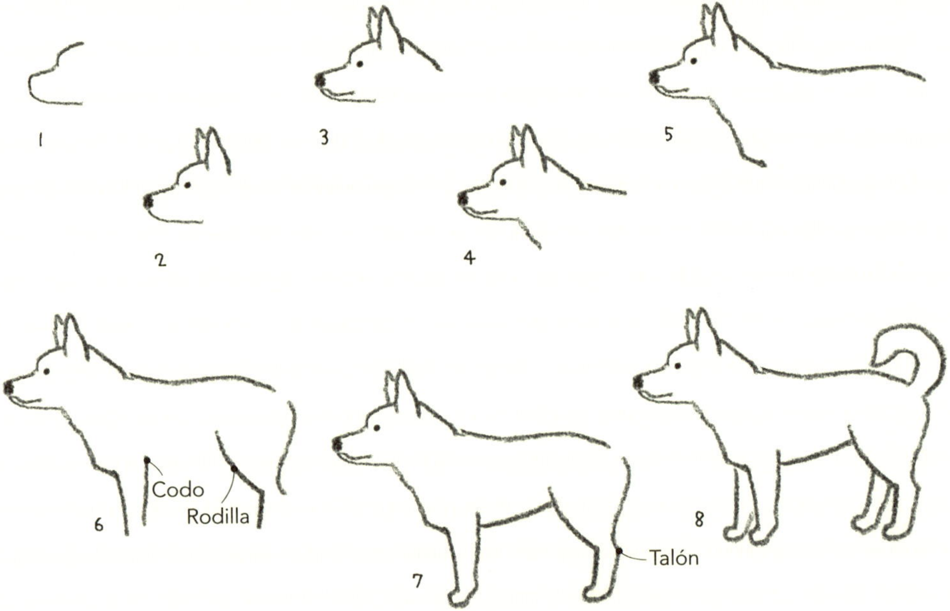

1

2

3

4

5

6

Codo

Rodilla

7

Talón

8

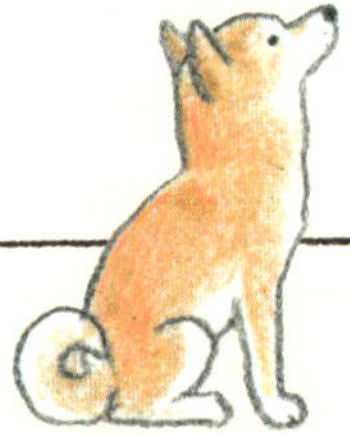

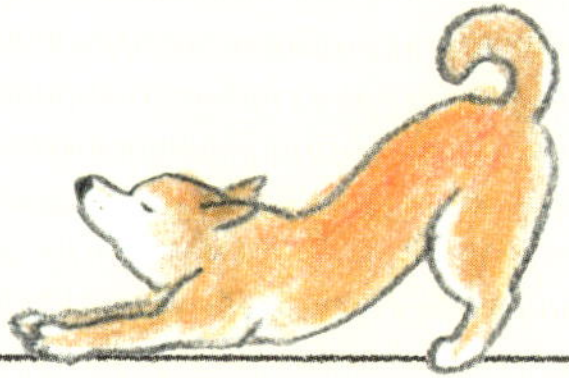

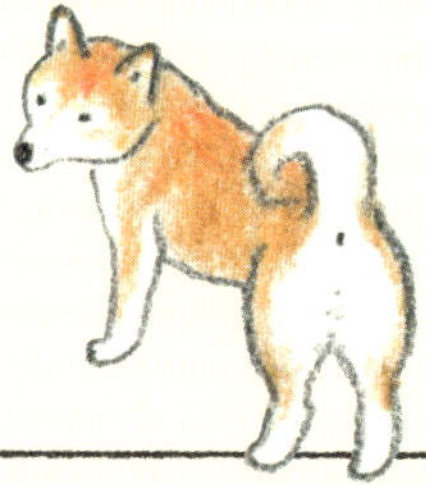

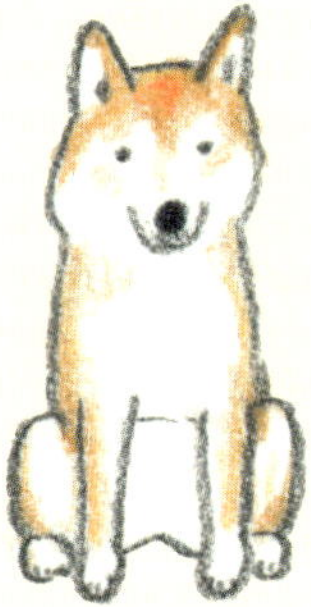

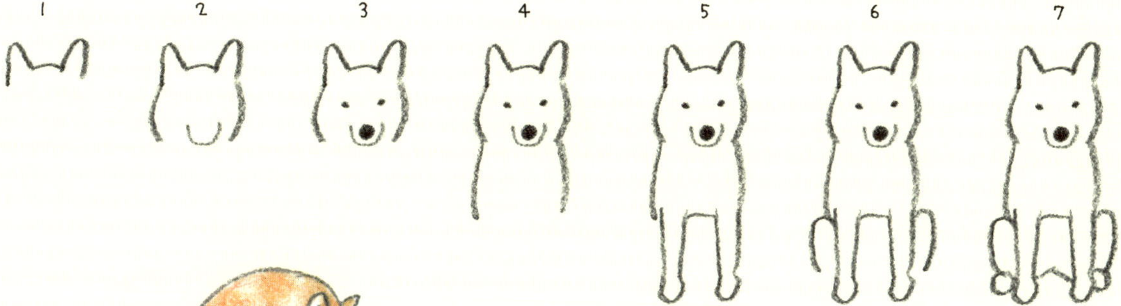

1 2 3 4 5 6 7

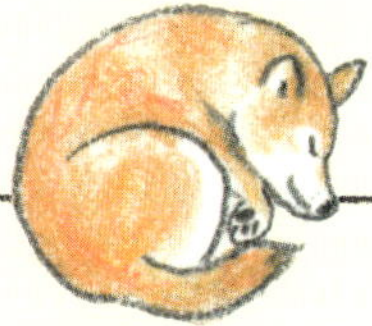

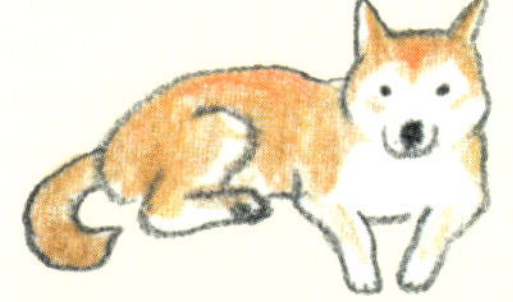

Una variedad de perros

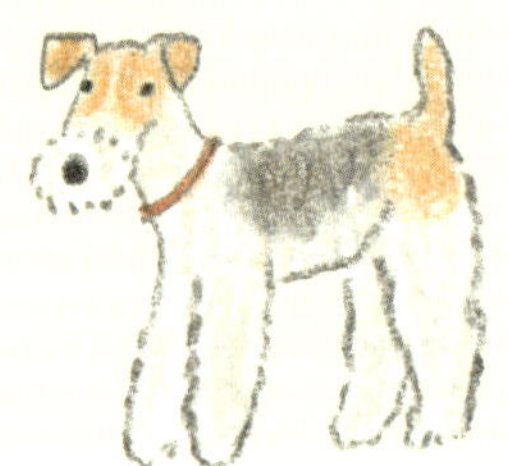

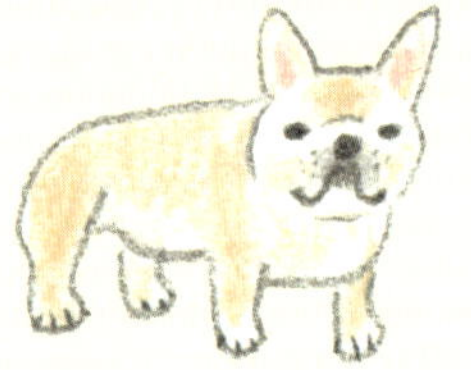

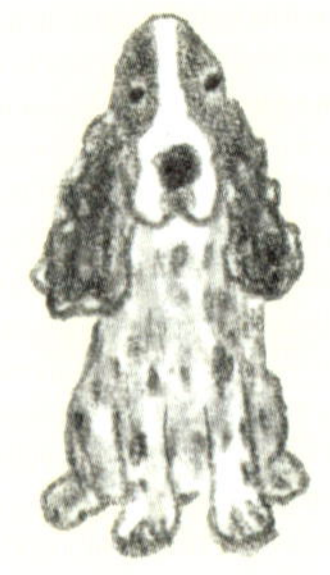

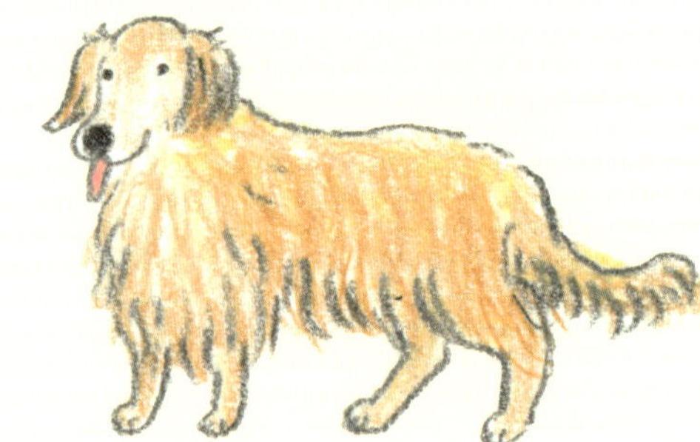

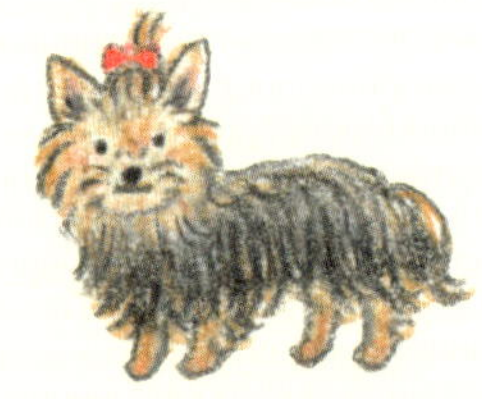

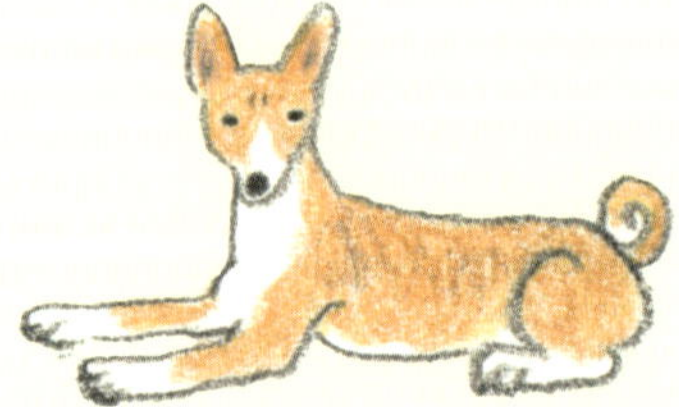

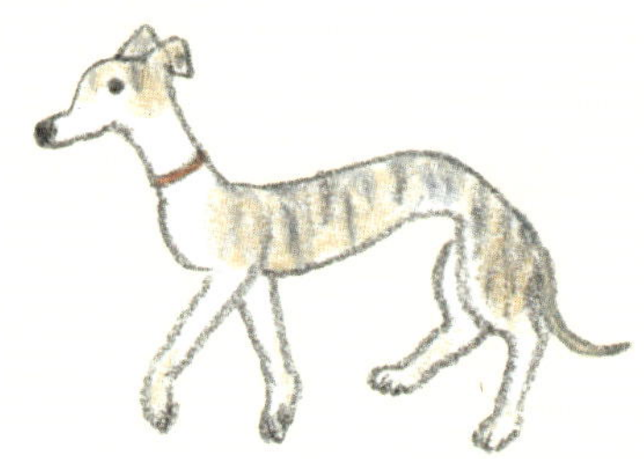
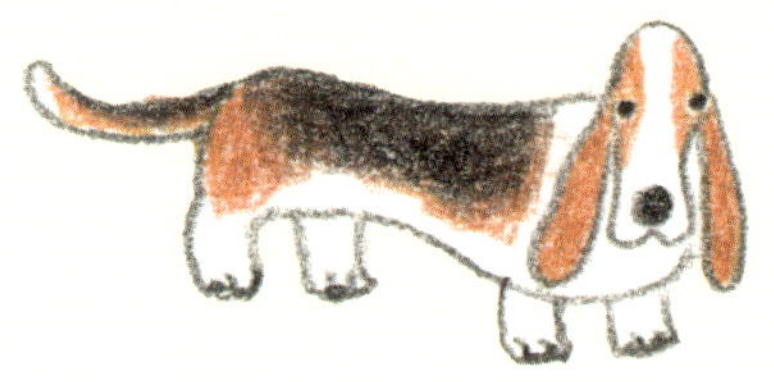
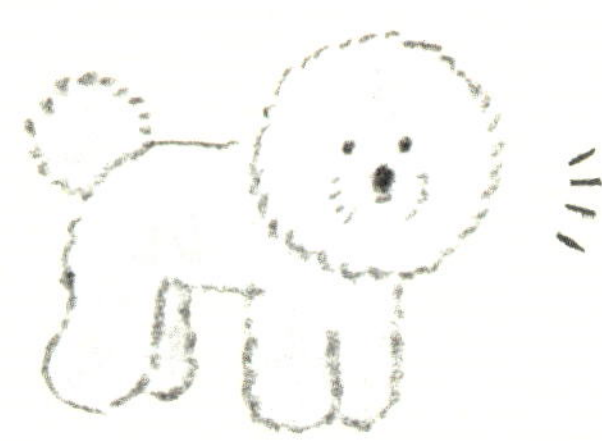
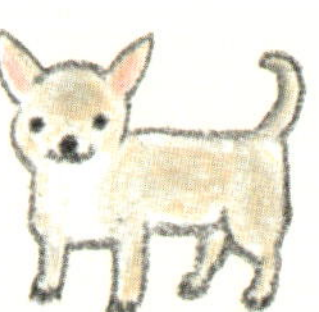
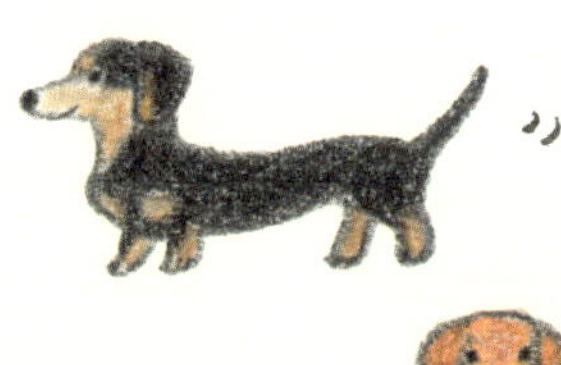
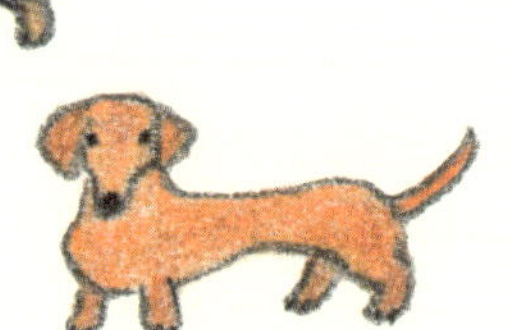
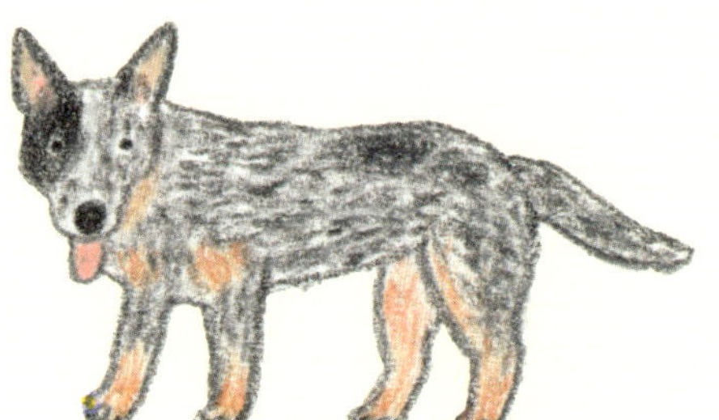

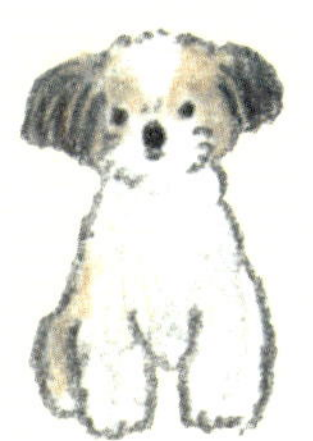
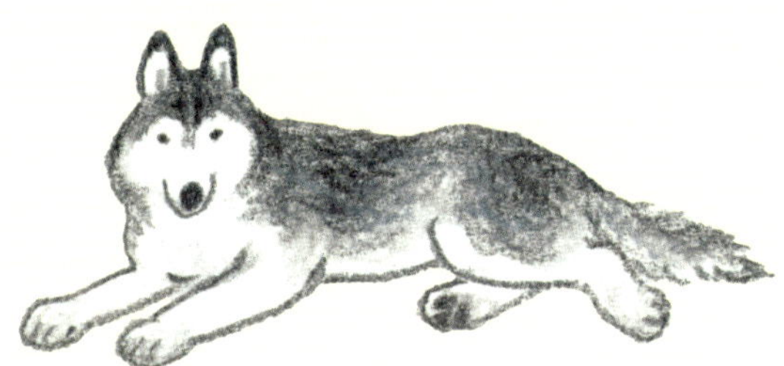
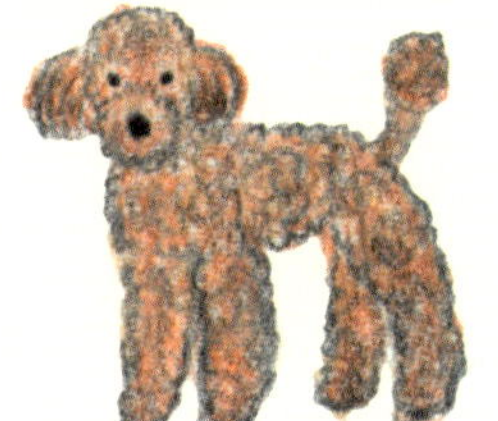
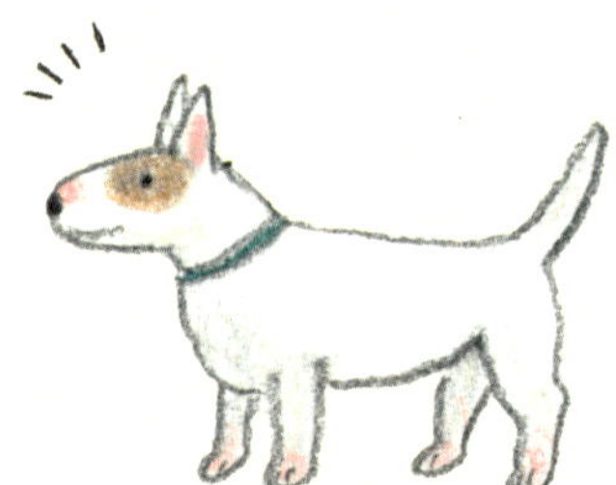
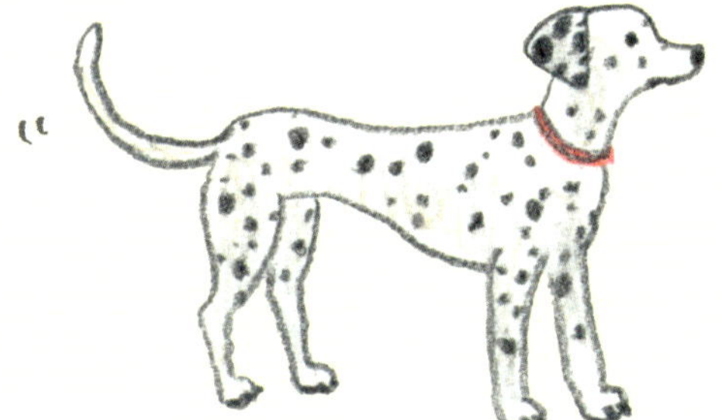
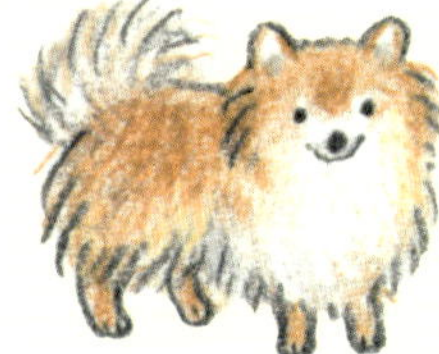

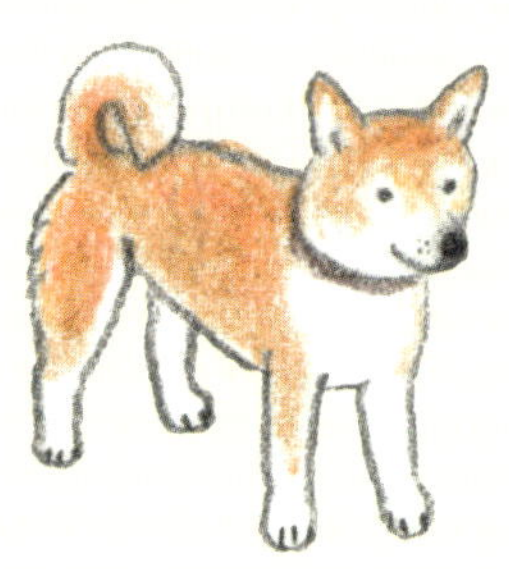
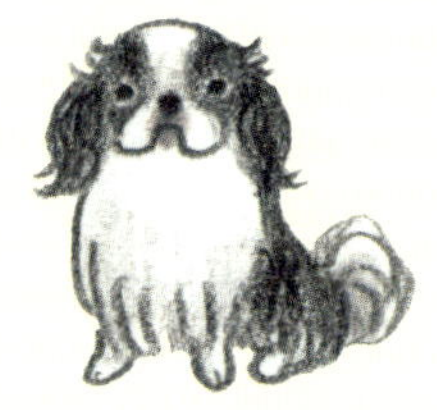
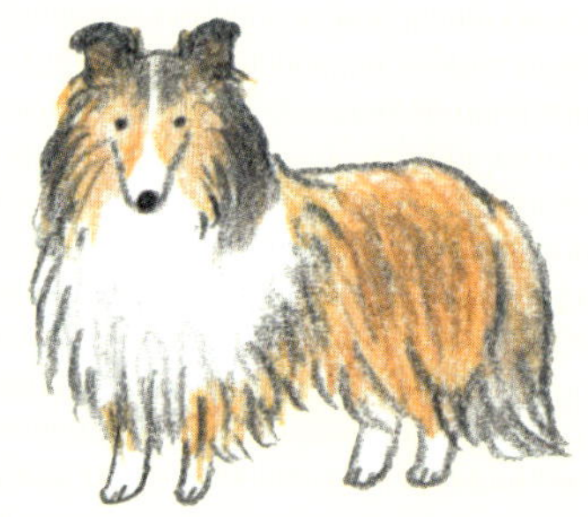
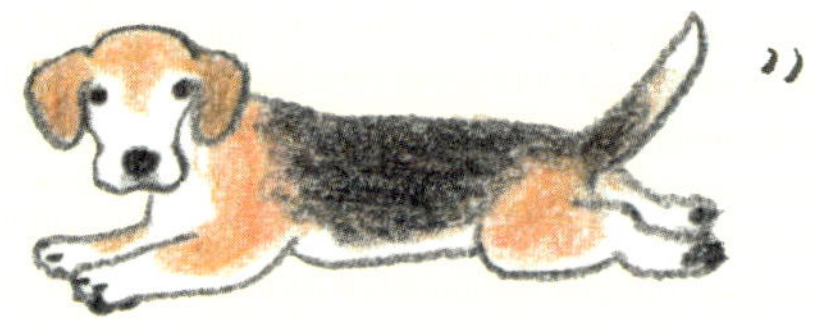
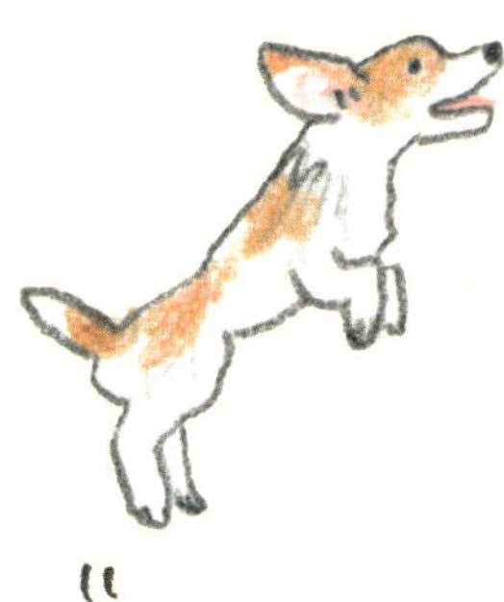
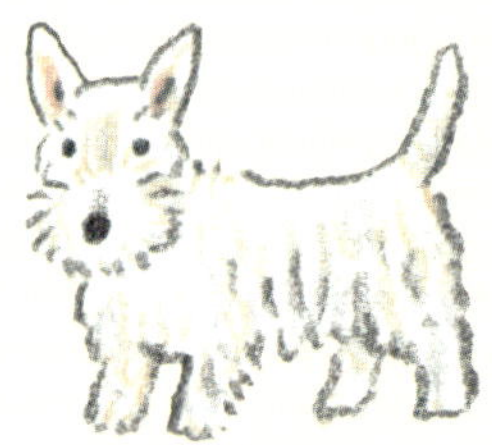
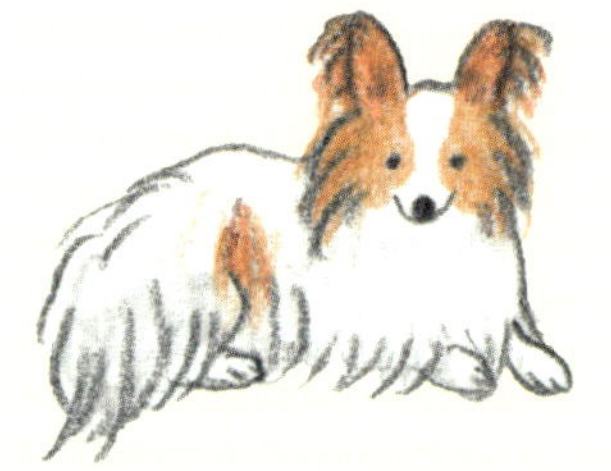

El lobo (familia de los cánidos)

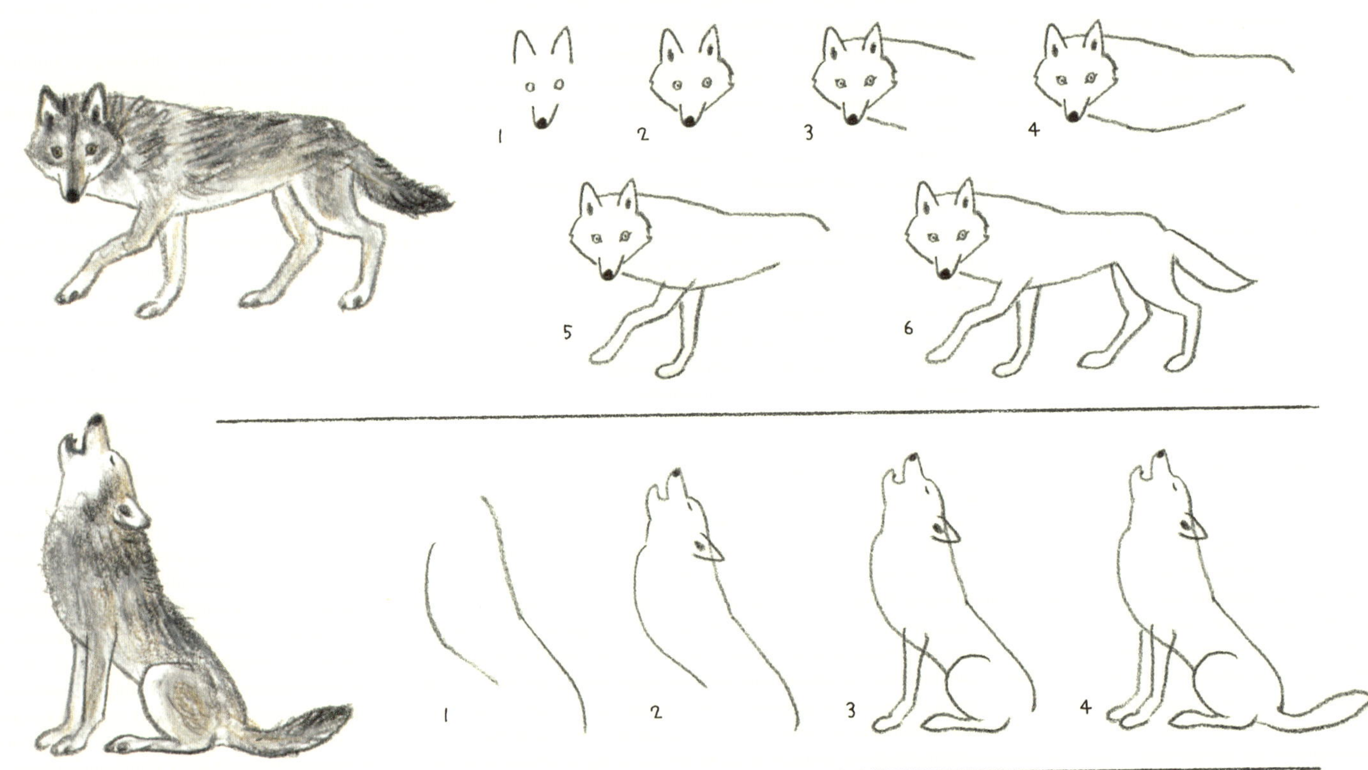

El zorro ártico (familia de los cánidos)

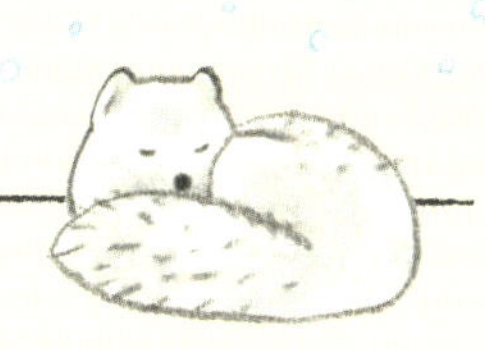

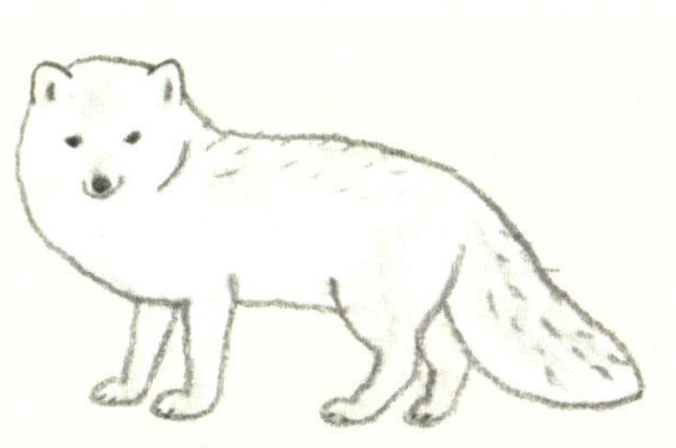

El pelaje de invierno es blanco.

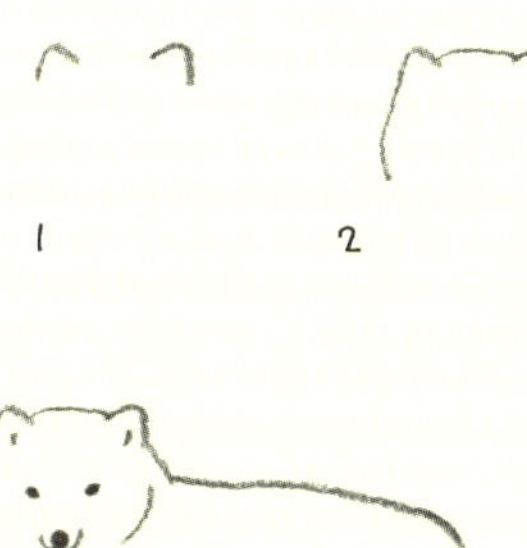

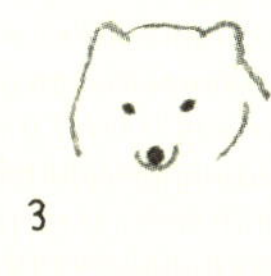

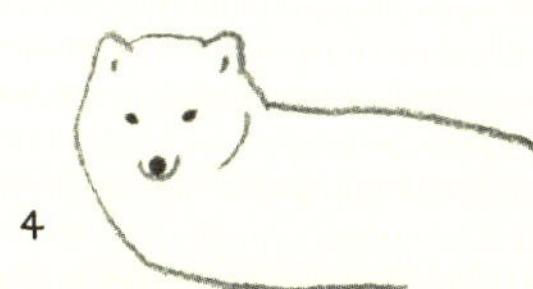

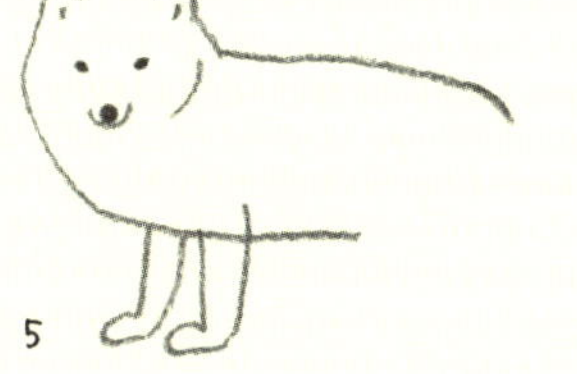

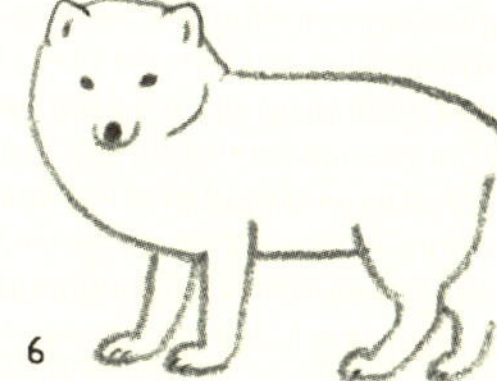

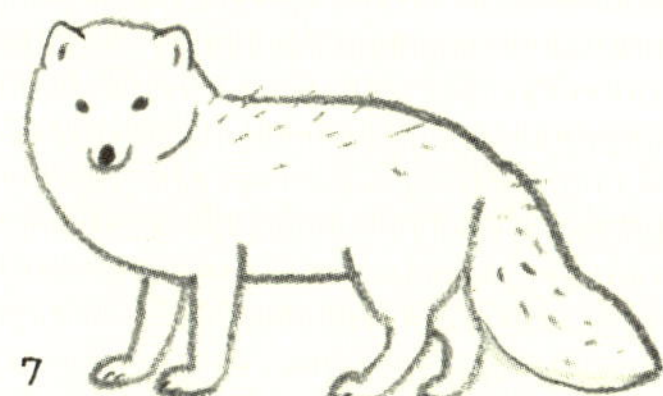

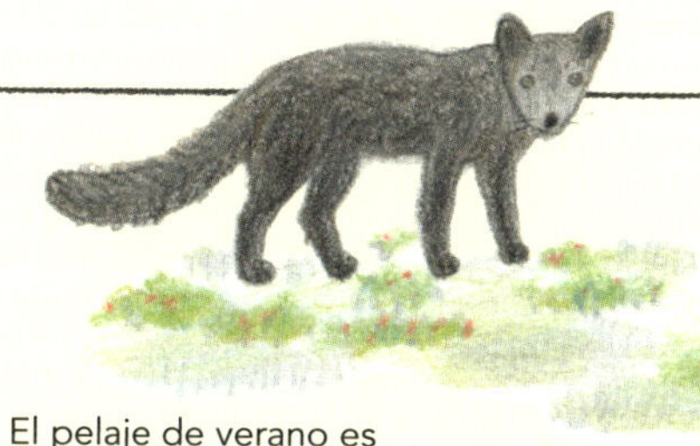

El pelaje de verano es grisáceo y corto.

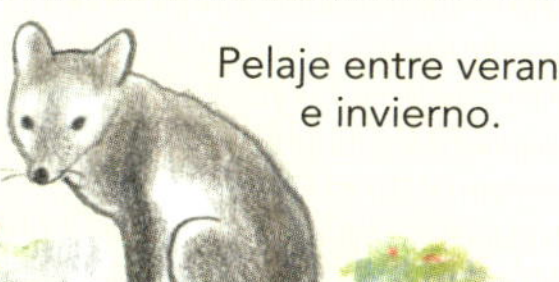

Pelaje entre verano e invierno.

El zorro (familia de los cánidos)

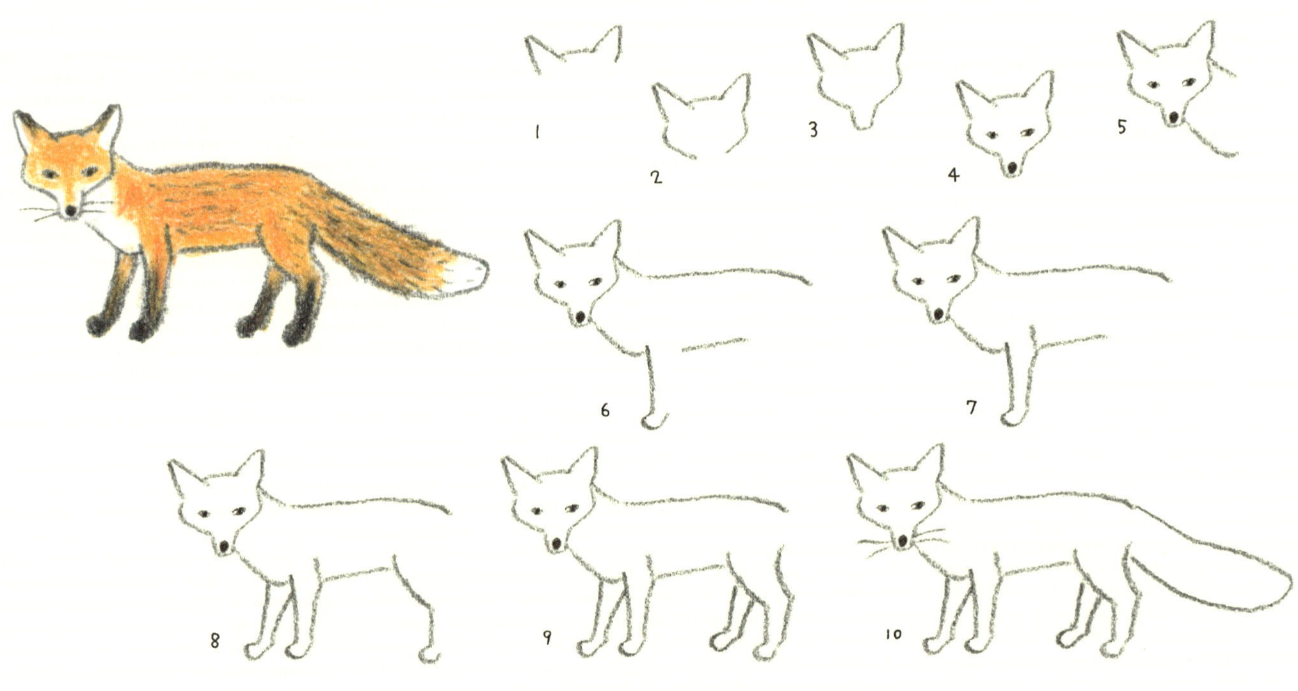

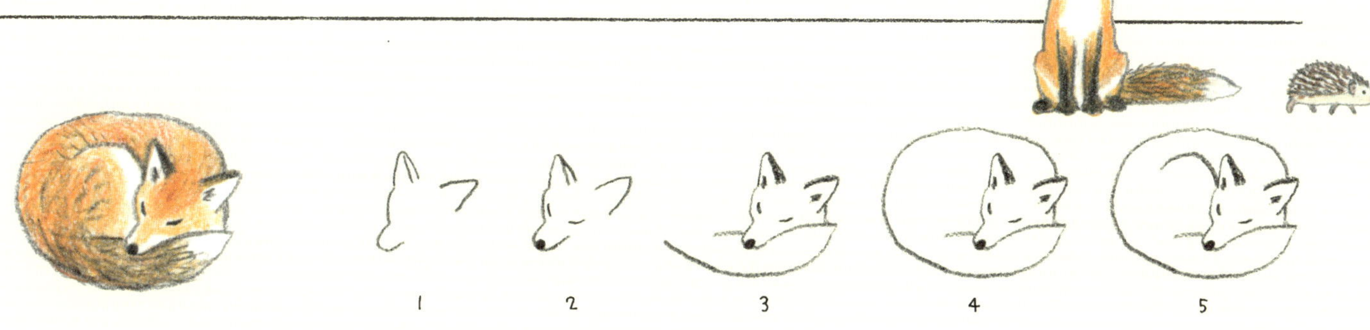

El mapache japonés (familia de los cánidos)

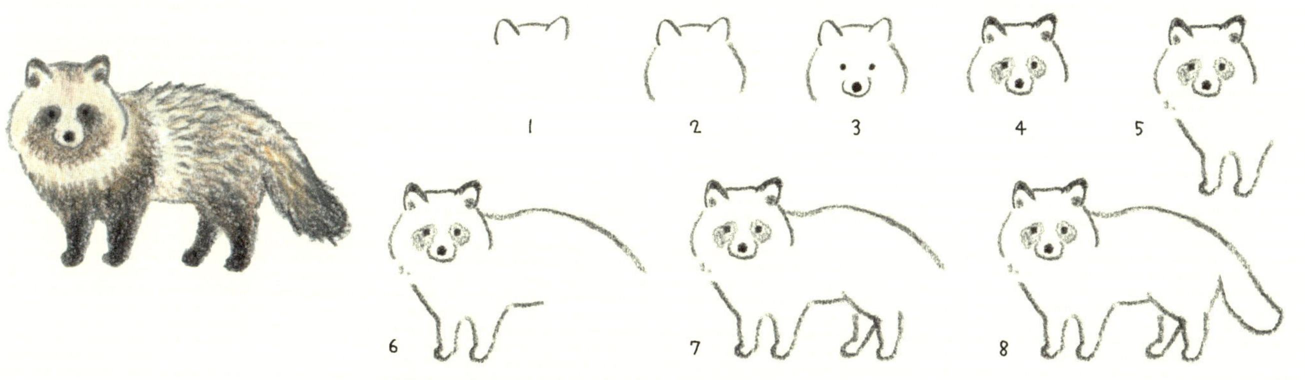

El erizo (familia de los erinaceidos)

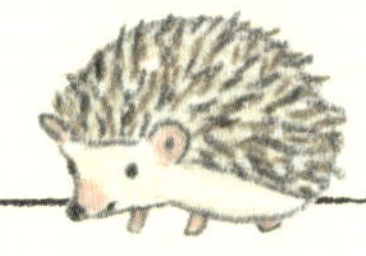

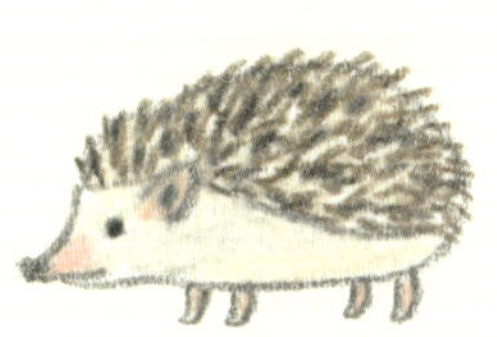

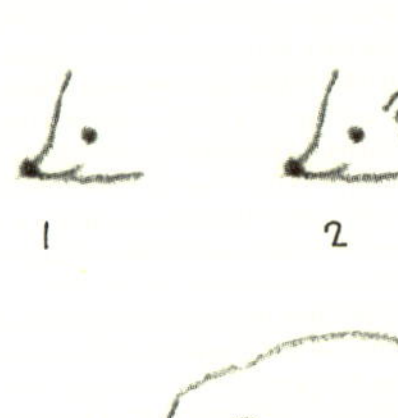

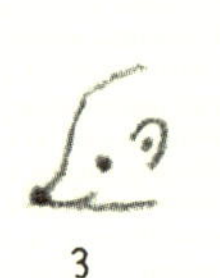

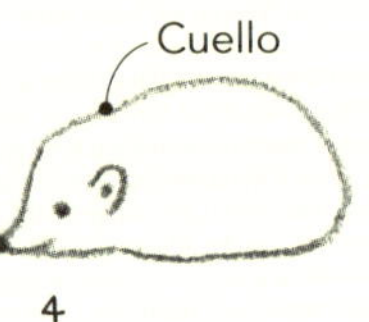

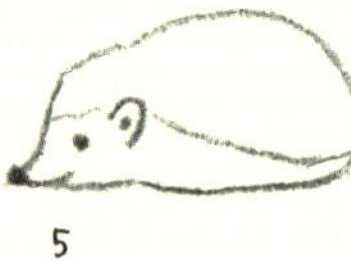

1 2 3 4 5

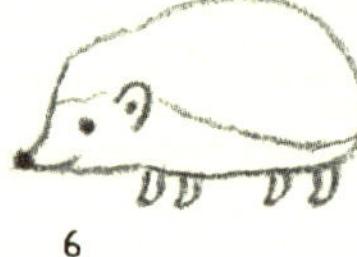

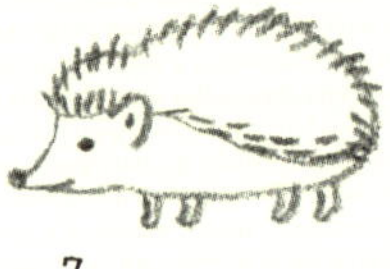

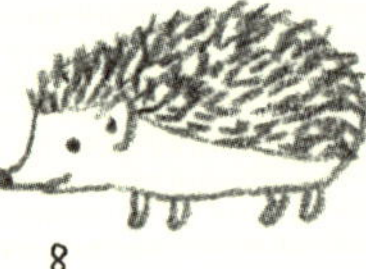

6 7 8

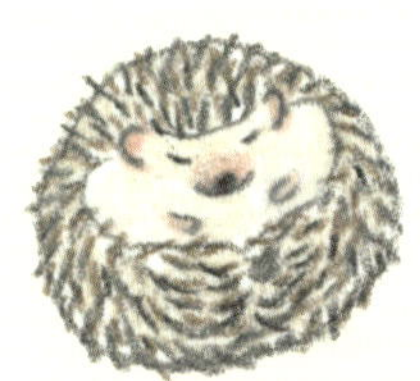

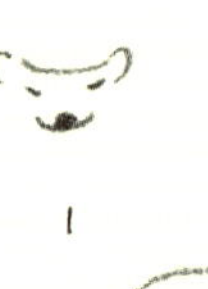

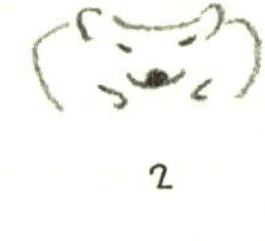

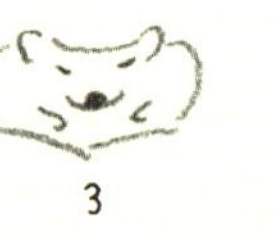

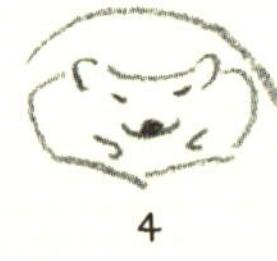

1 2 3 4

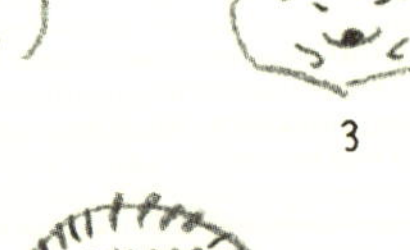

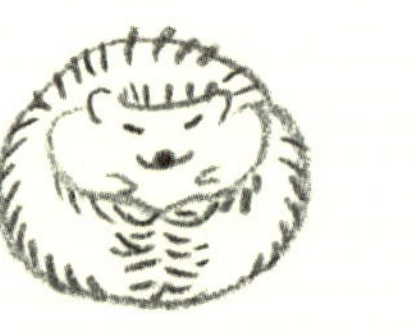

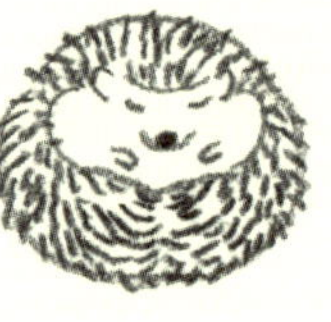

5 6 7

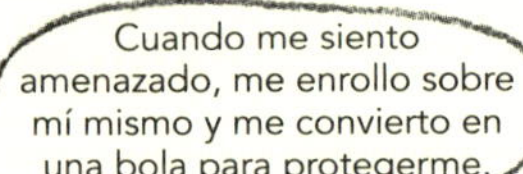

Cuando me siento amenazado, me enrollo sobre mí mismo y me convierto en una bola para protegerme.

El ratón de campo (familia de los roedores)

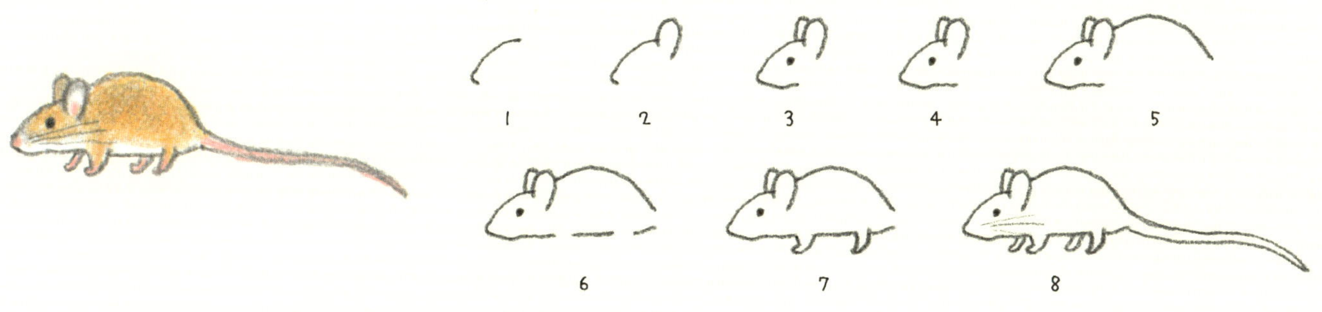

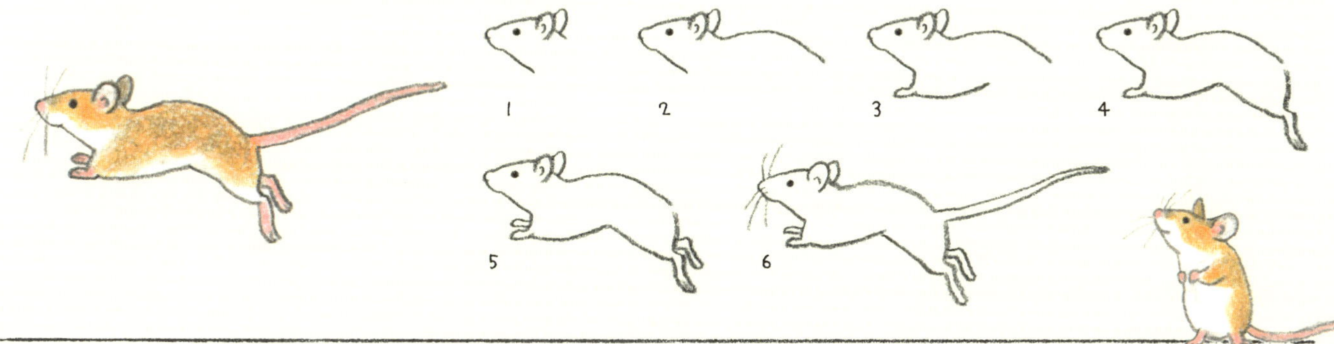

La ardilla (familia de los roedores)

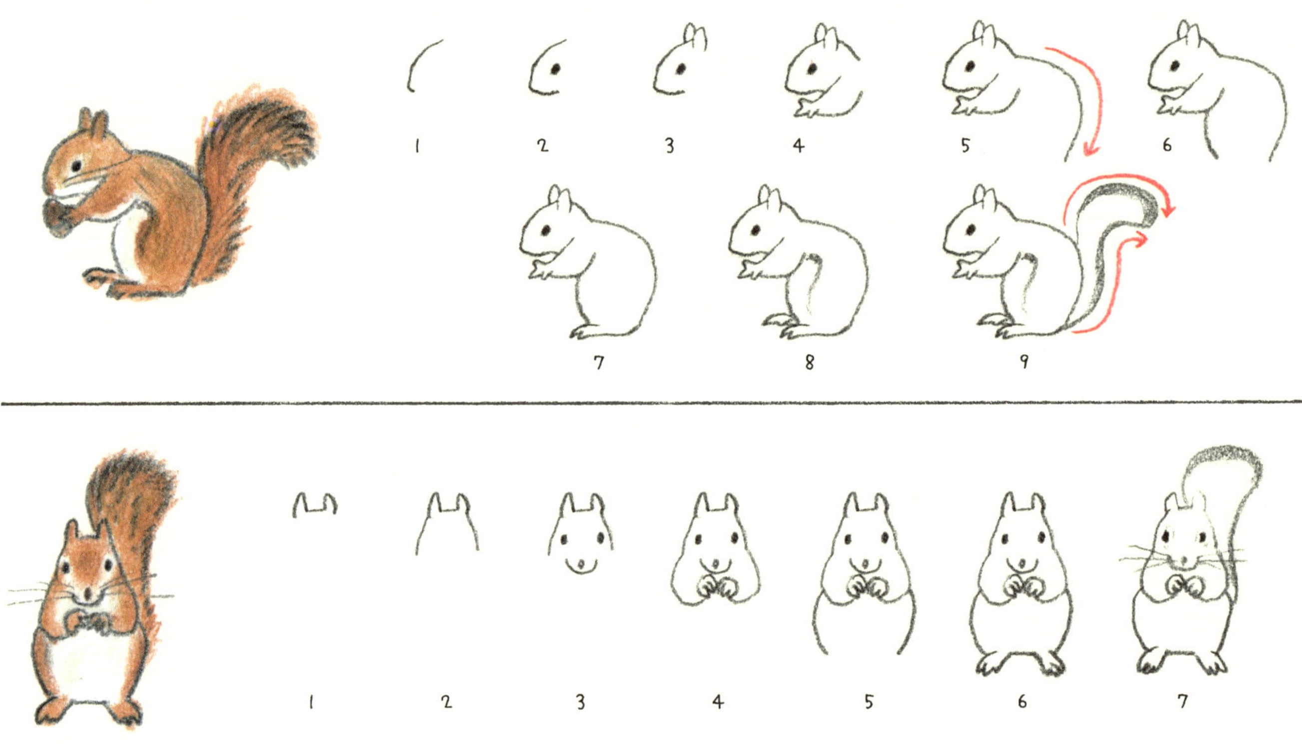

La ardilla rayada (familia de los roedores)

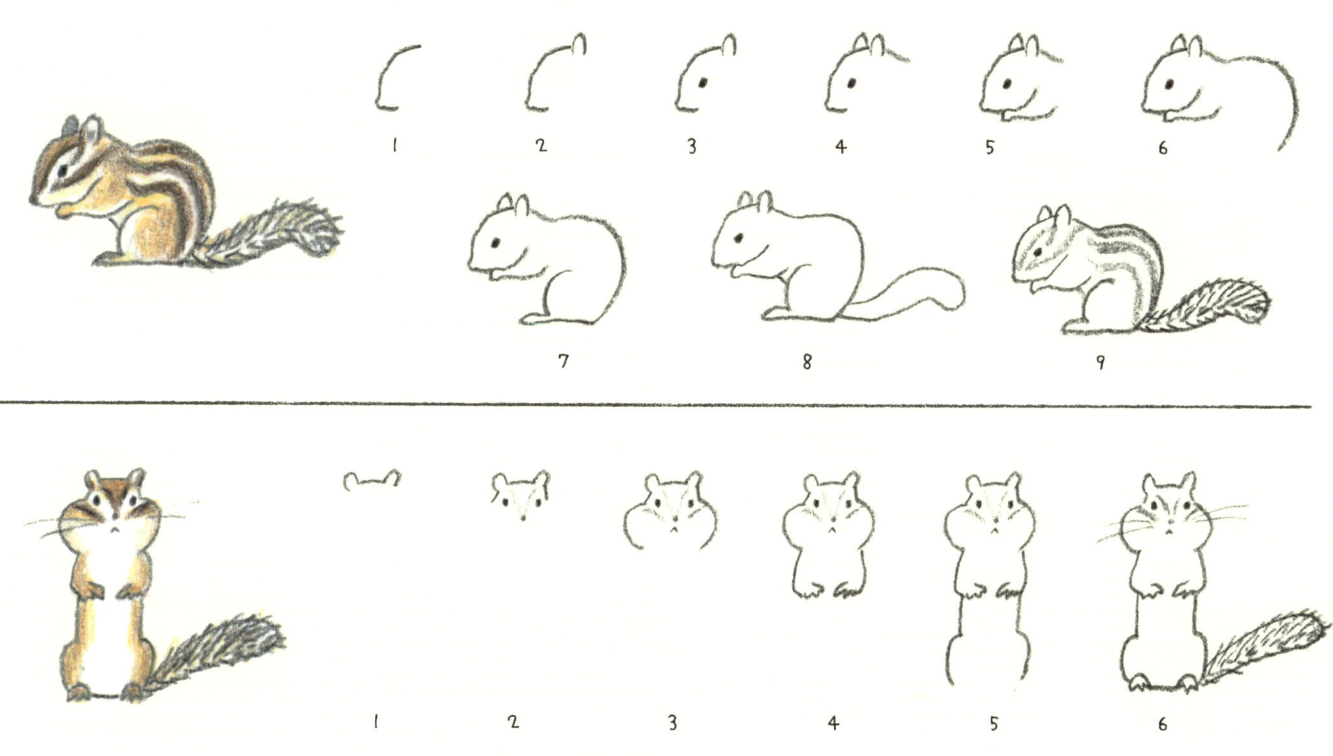

El capibara (familia de los roedores)

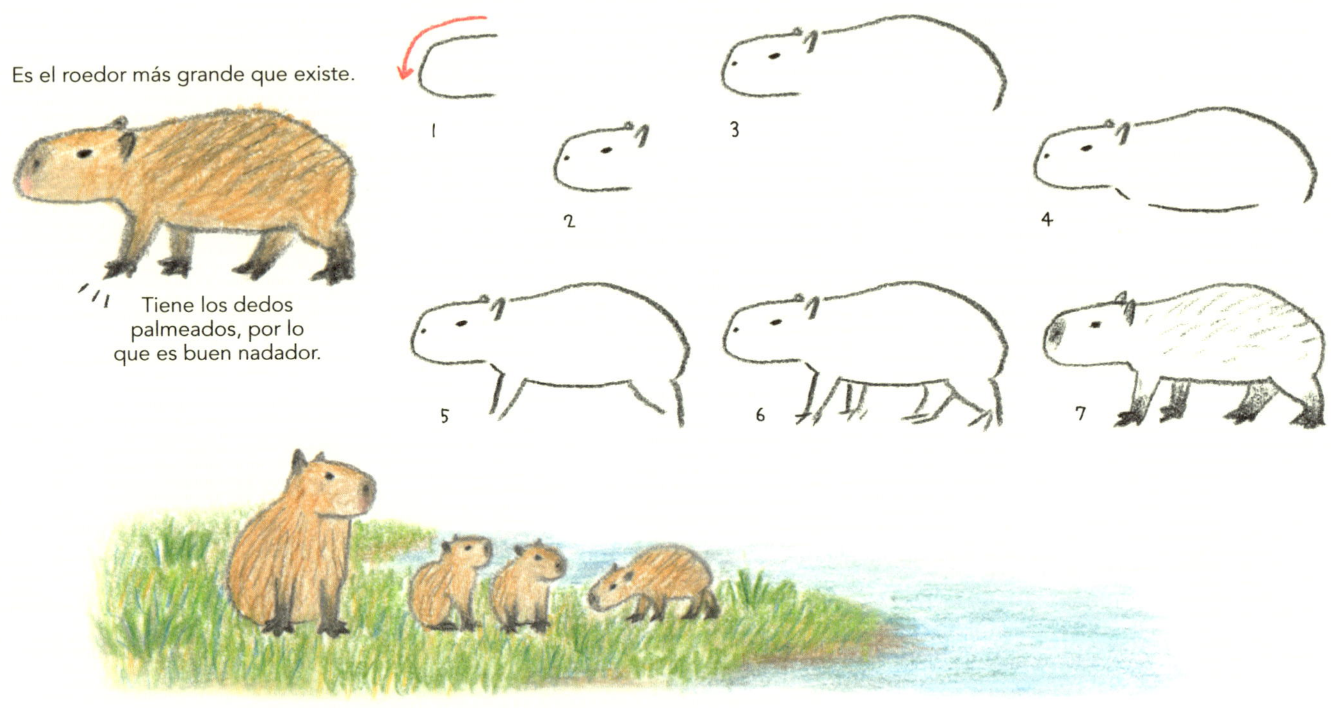

Vive en grupo cerca de lugares donde hay agua.

El castor (familia de los roedores)

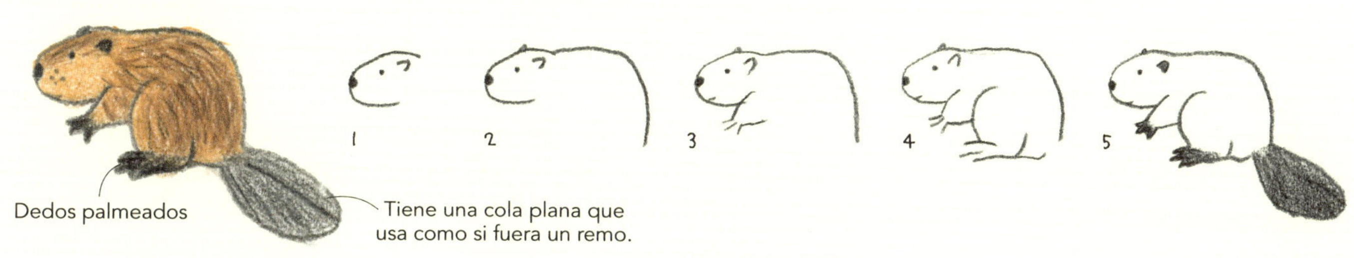

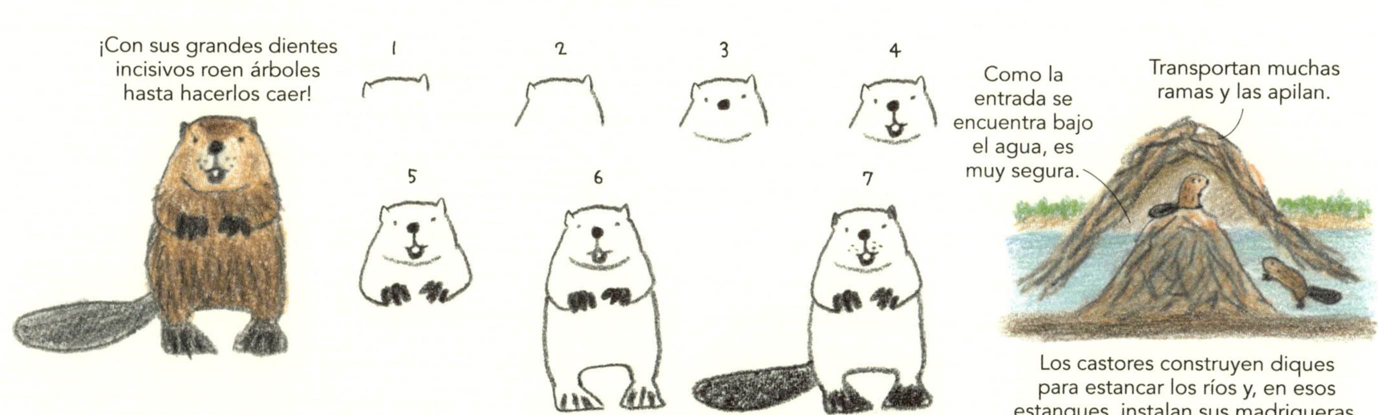

La ardilla voladora de Japón (familia de los roedores)

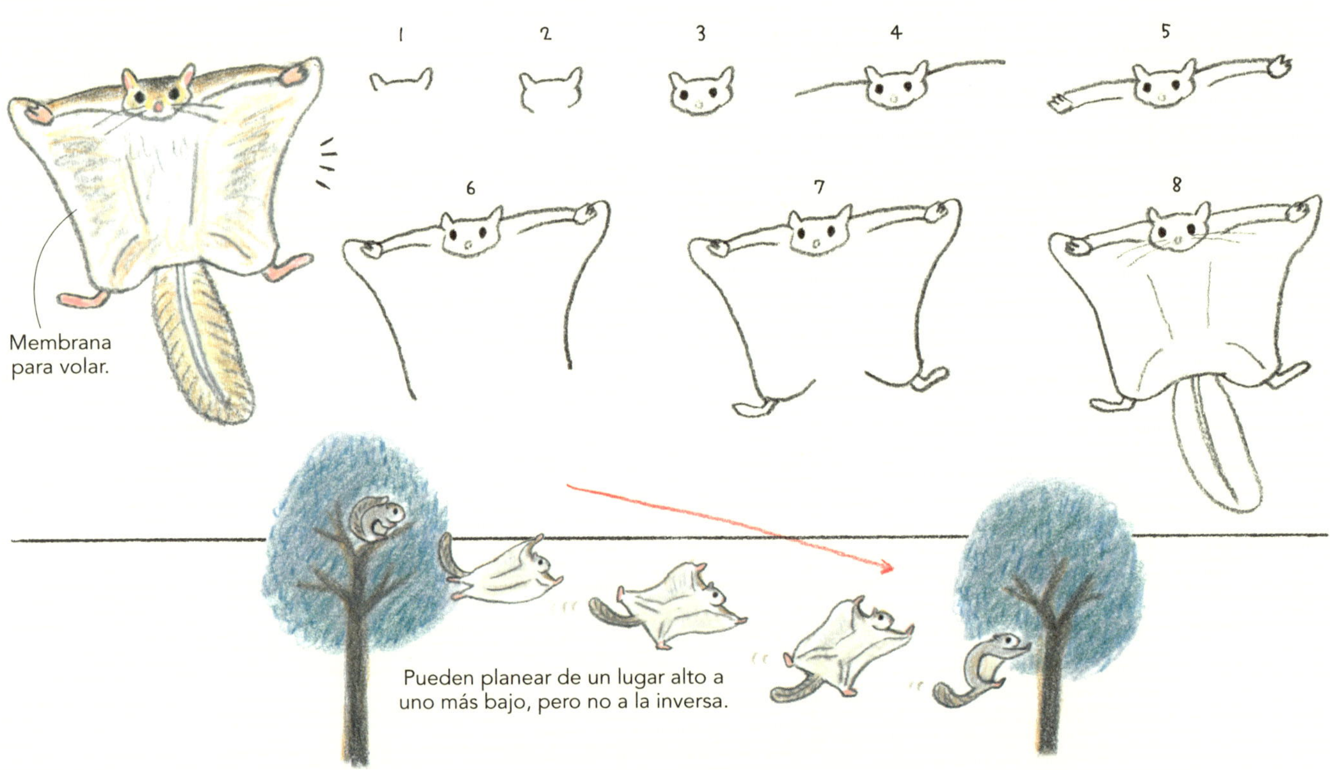

La mofeta (familia de los mefítidos)

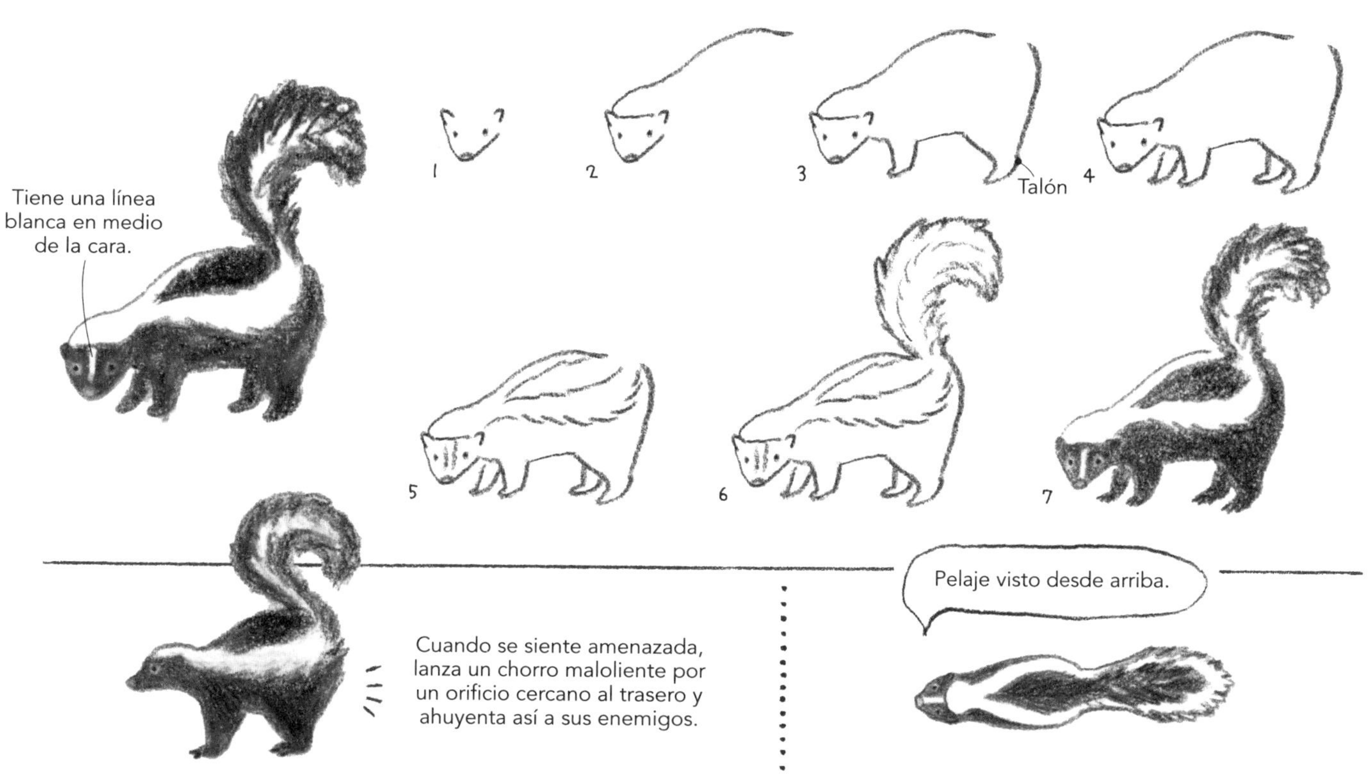

Cuando se siente amenazada, lanza un chorro maloliente por un orificio cercano al trasero y ahuyenta así a sus enemigos.

El conejo (familia de los lepóridos)

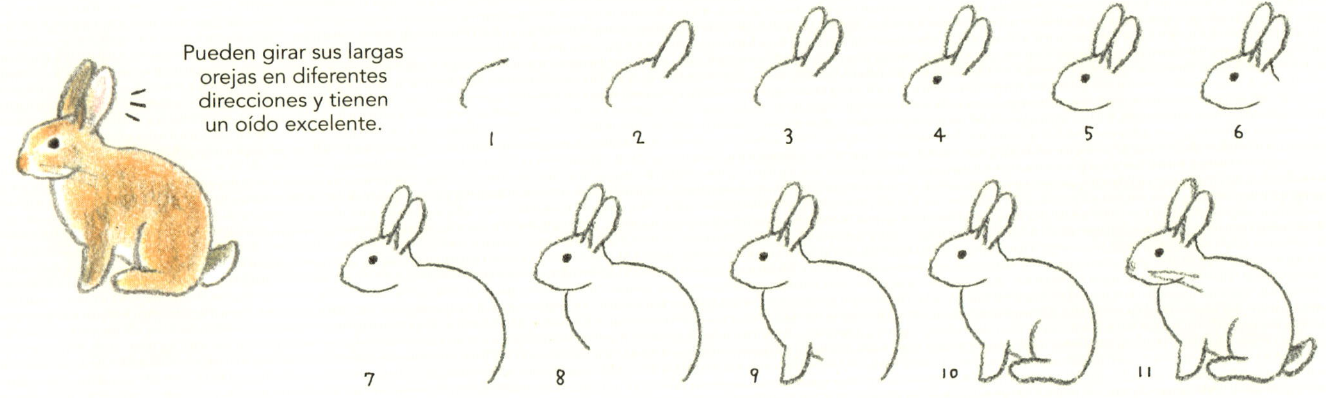

El topo (familia de los tálpidos)

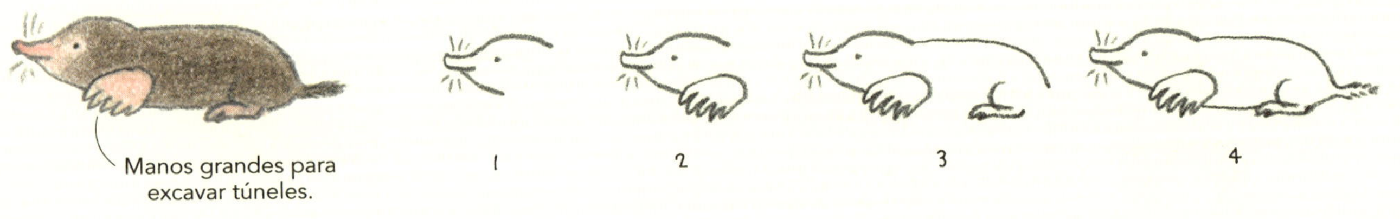

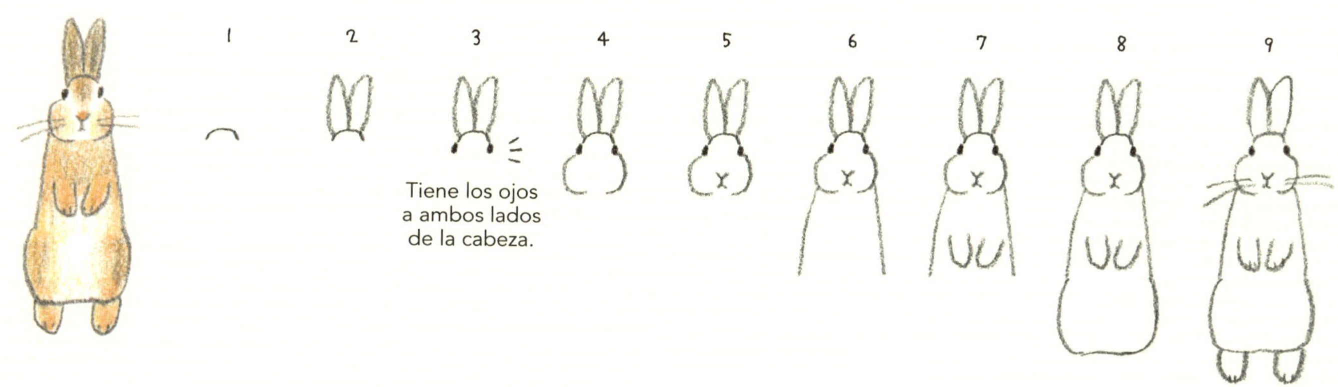

El lirón japonés (familia de los roedores)

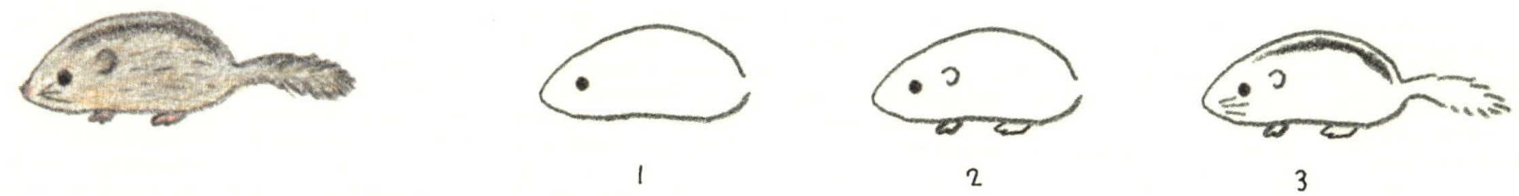

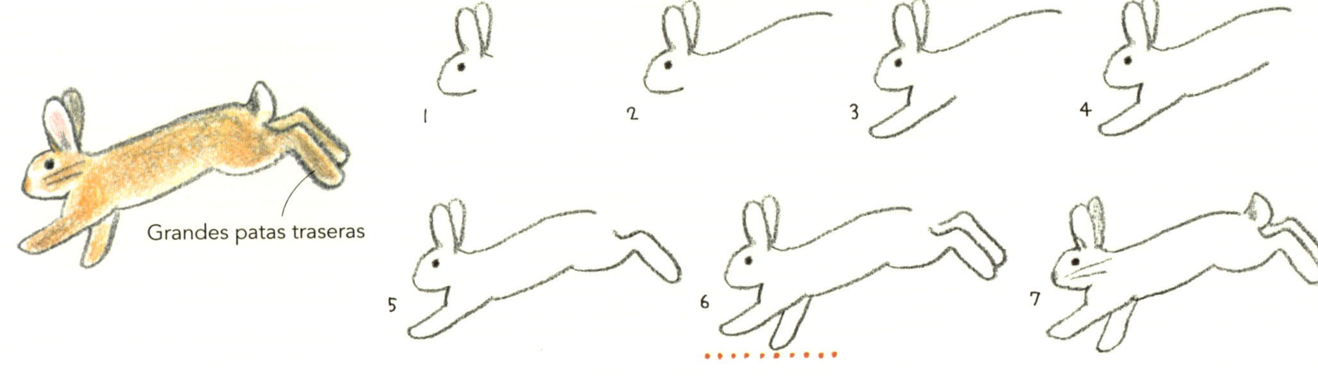

Las huellas del conejo

Una pata después de la otra	Las dos patas juntas	Una pata después de la otra	Las dos patas juntas	Una pata después de la otra	Las dos patas juntas	Una pata después de la otra	Las dos patas juntas

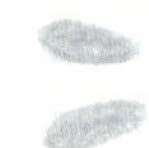
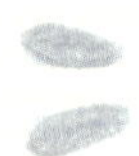

El conejo apoya las patas delanteras en el suelo una después de la otra, en línea recta.

En cambio, apoya a la vez las patas traseras.

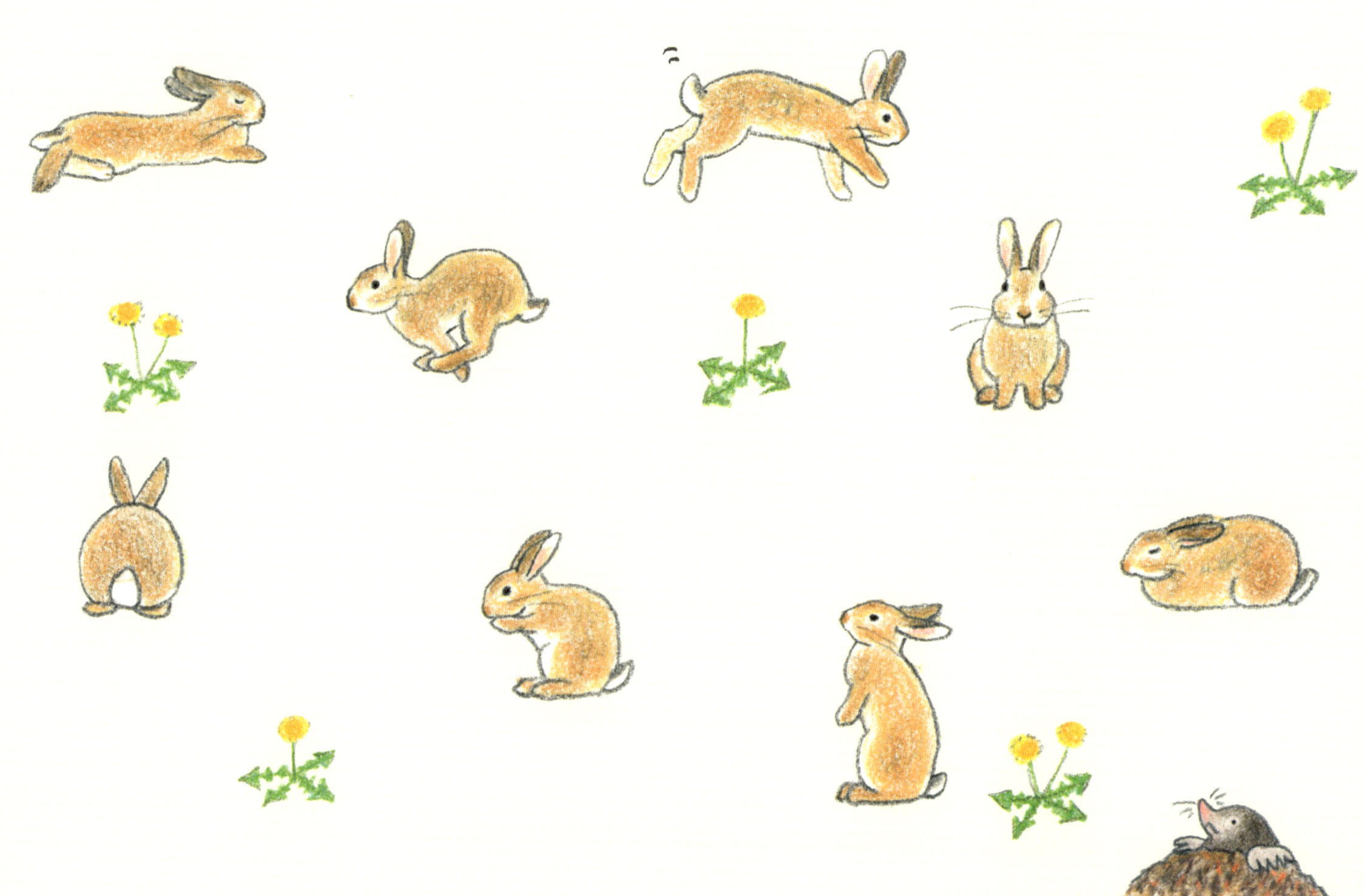

La comadreja (familia de los mustélidos)

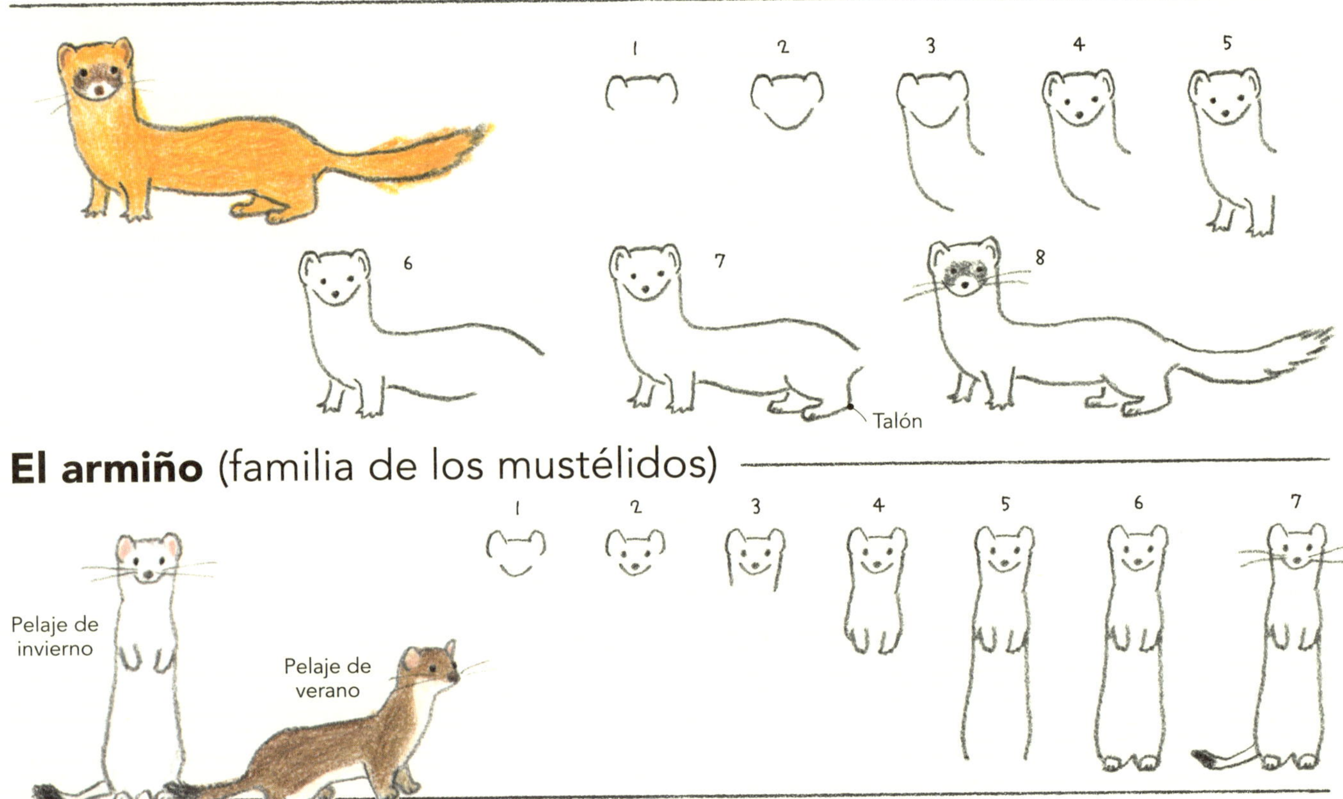

El armiño (familia de los mustélidos)

El tejón (familia de los mustélidos)

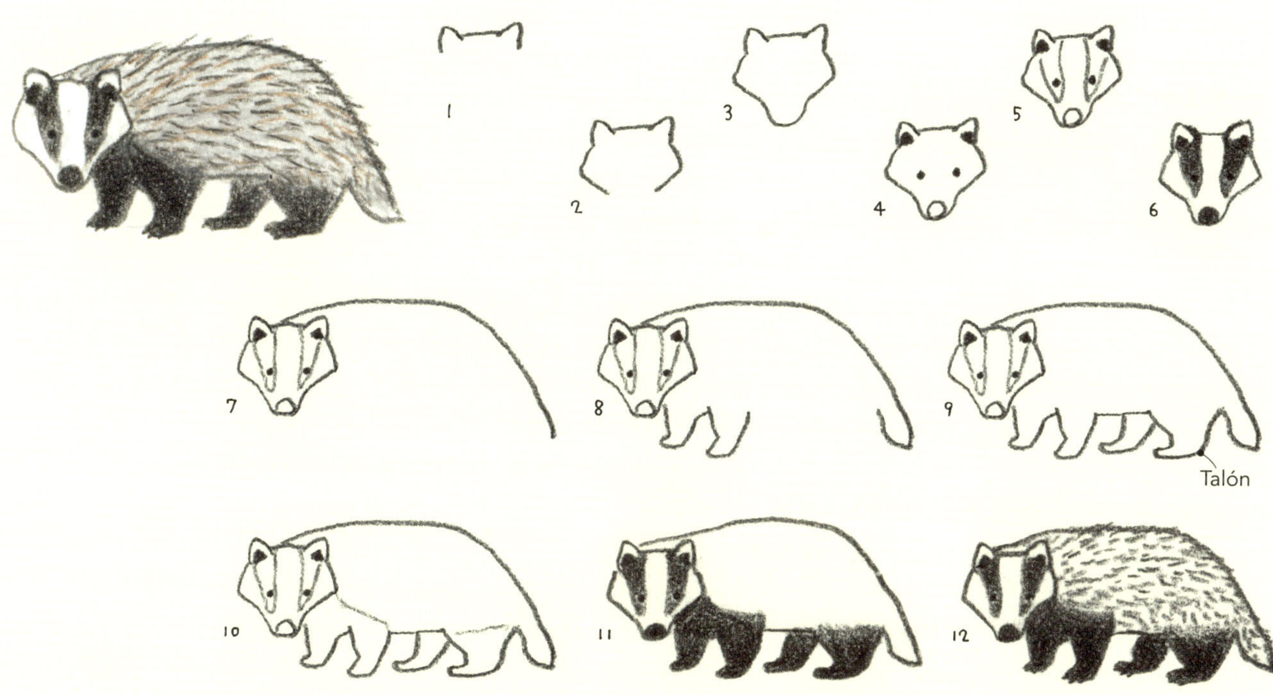

La nutria marina (familia de los mustélidos)

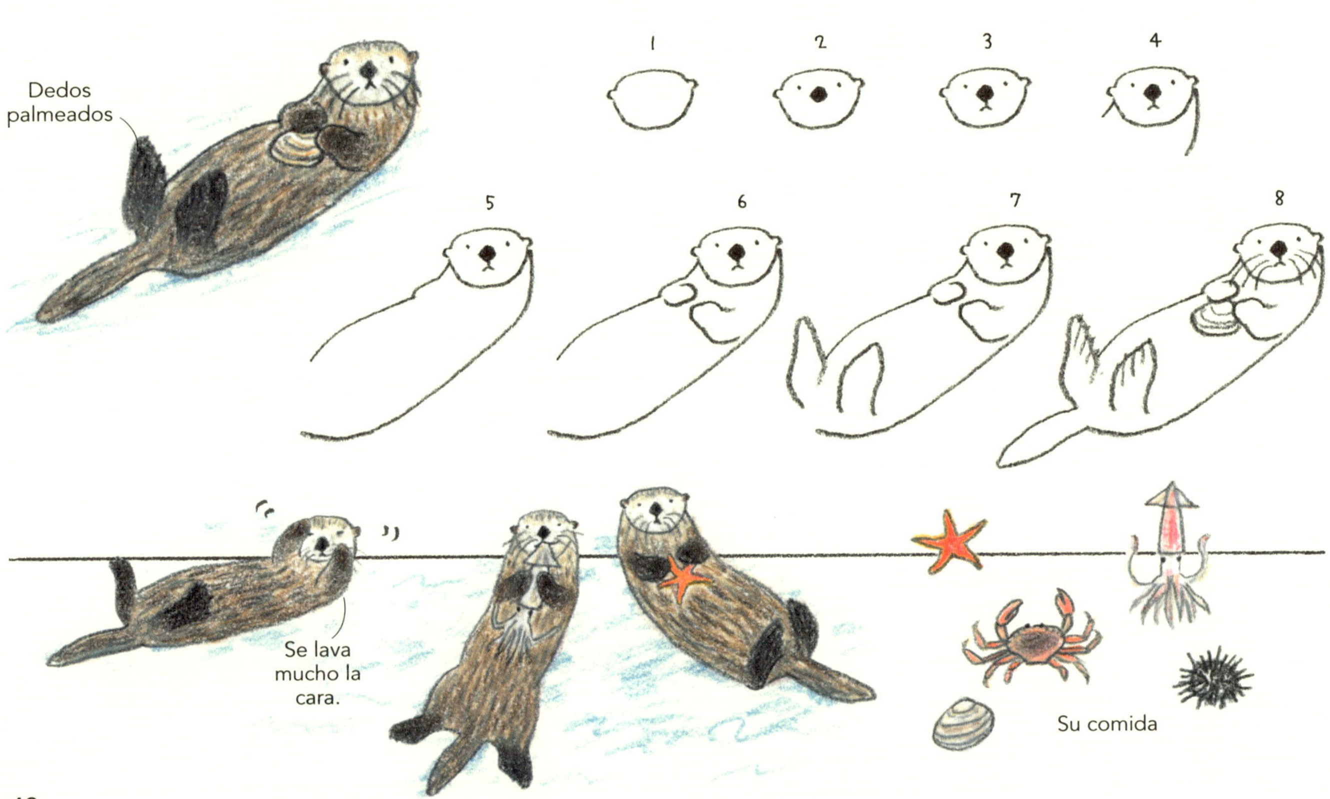

La nutria (familia de los mustélidos)

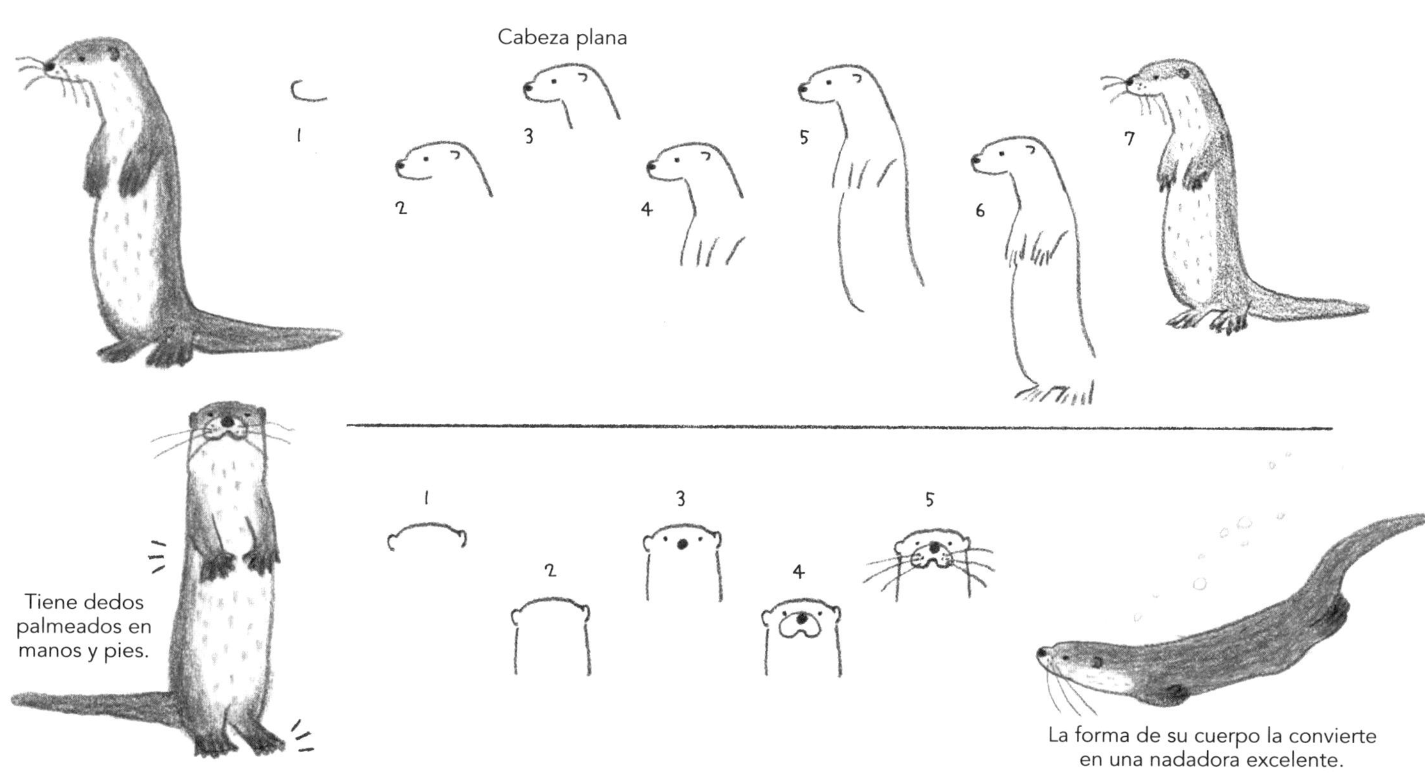

La forma de su cuerpo la convierte en una nadadora excelente.

El mapache u oso lavador (familia de los prociónidos)

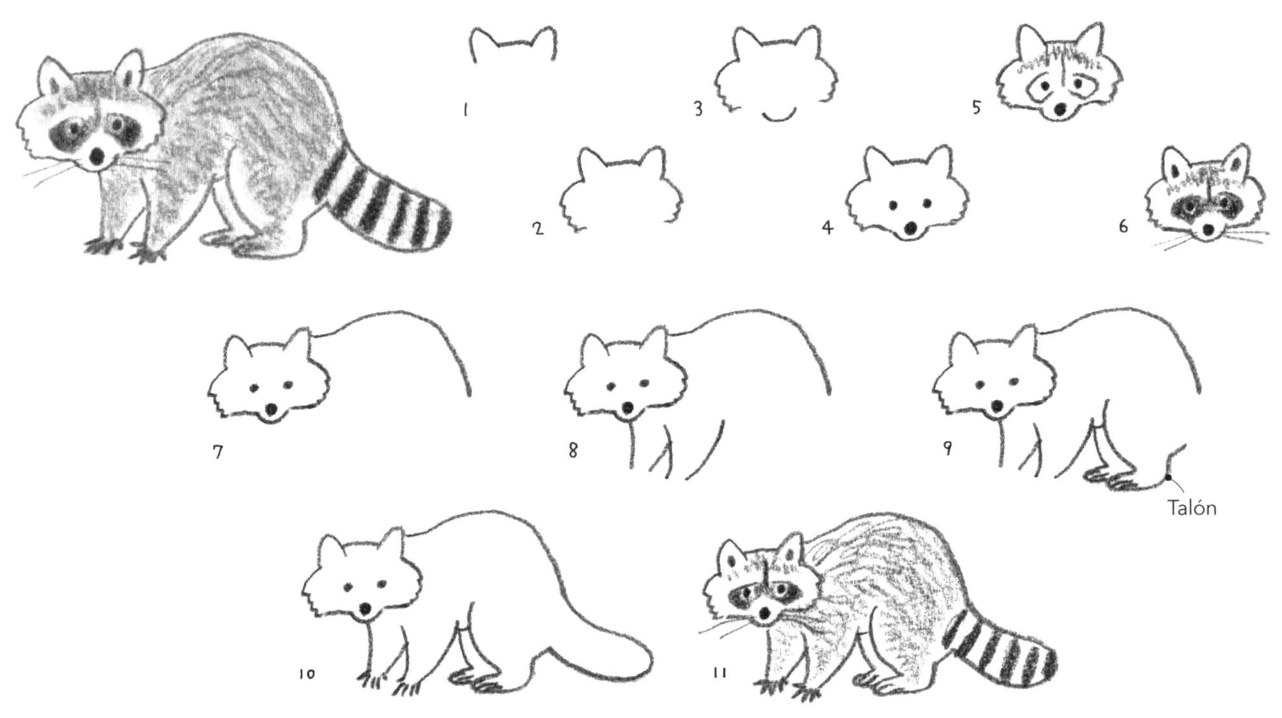

El panda rojo (familia de los ailúridos)

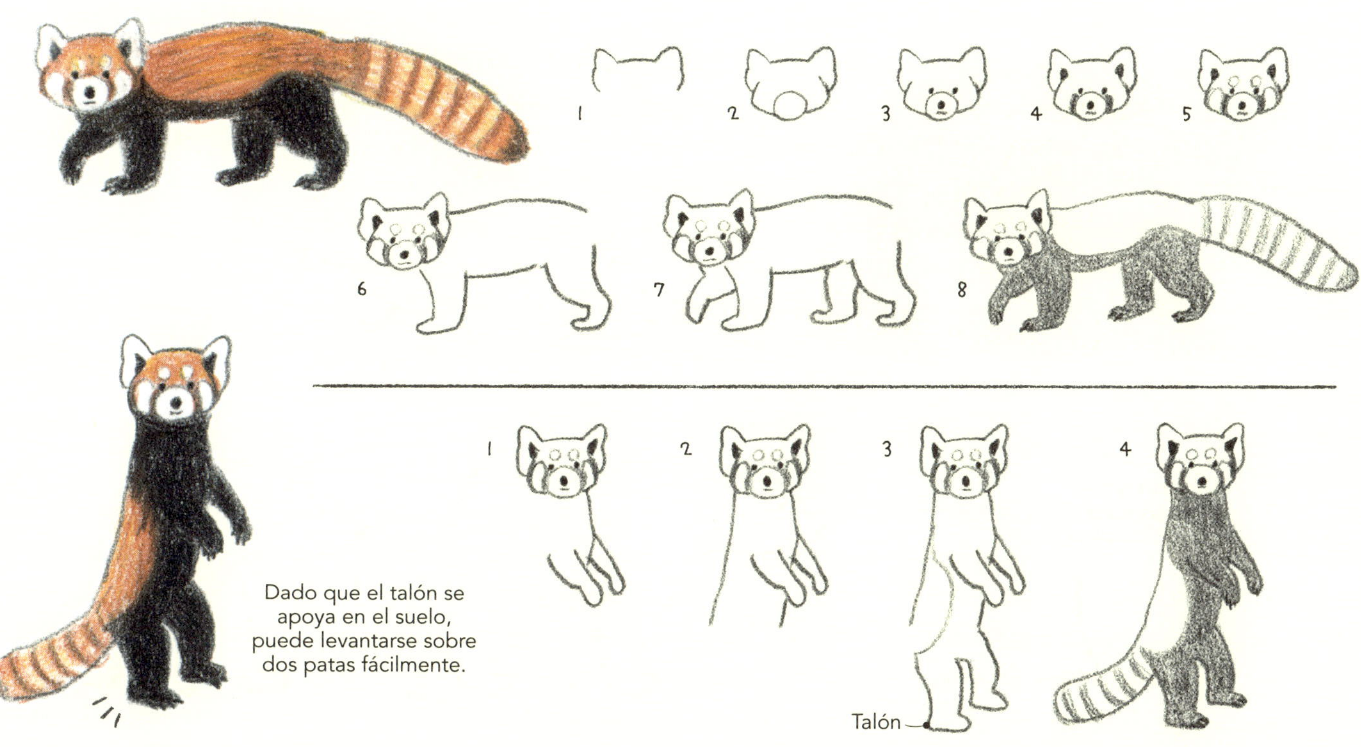

Dado que el talón se apoya en el suelo, puede levantarse sobre dos patas fácilmente.

El oso (familia de los úrsidos)

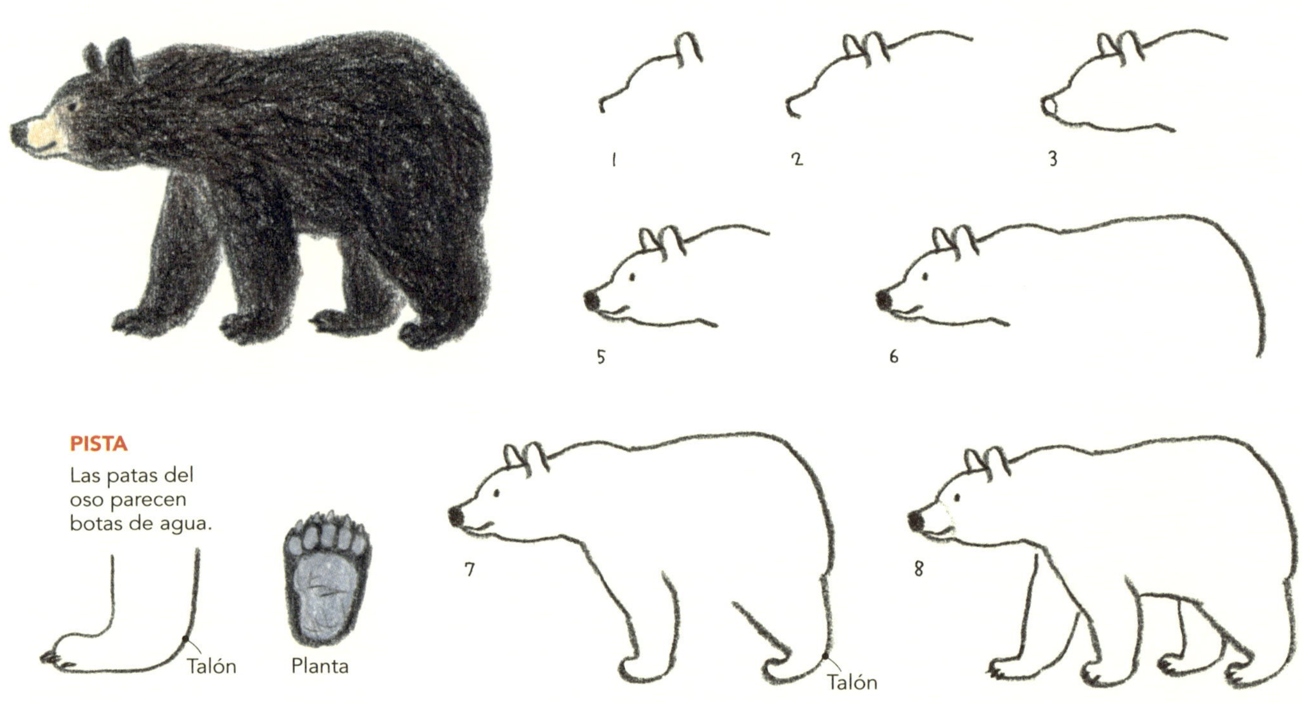

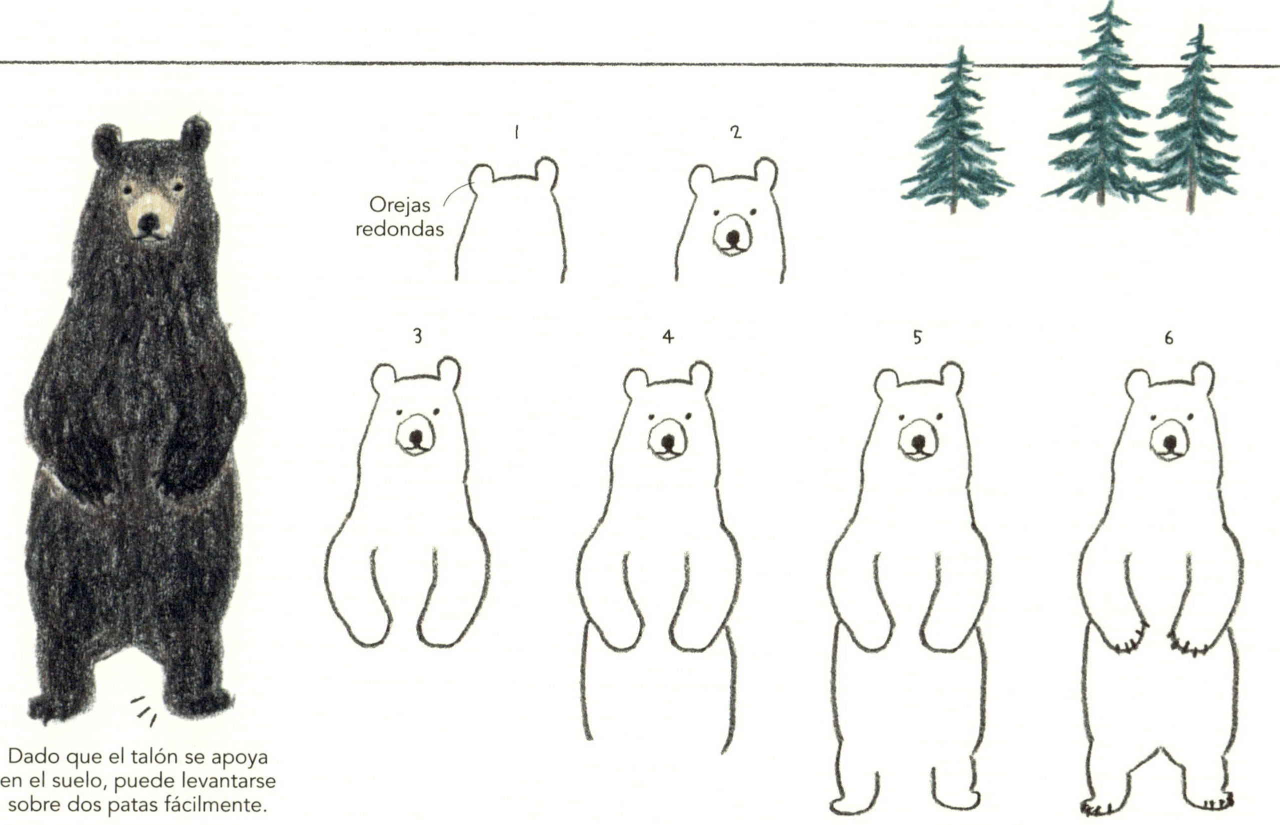

Dado que el talón se apoya en el suelo, puede levantarse sobre dos patas fácilmente.

El oso polar (familia de los úrsidos)

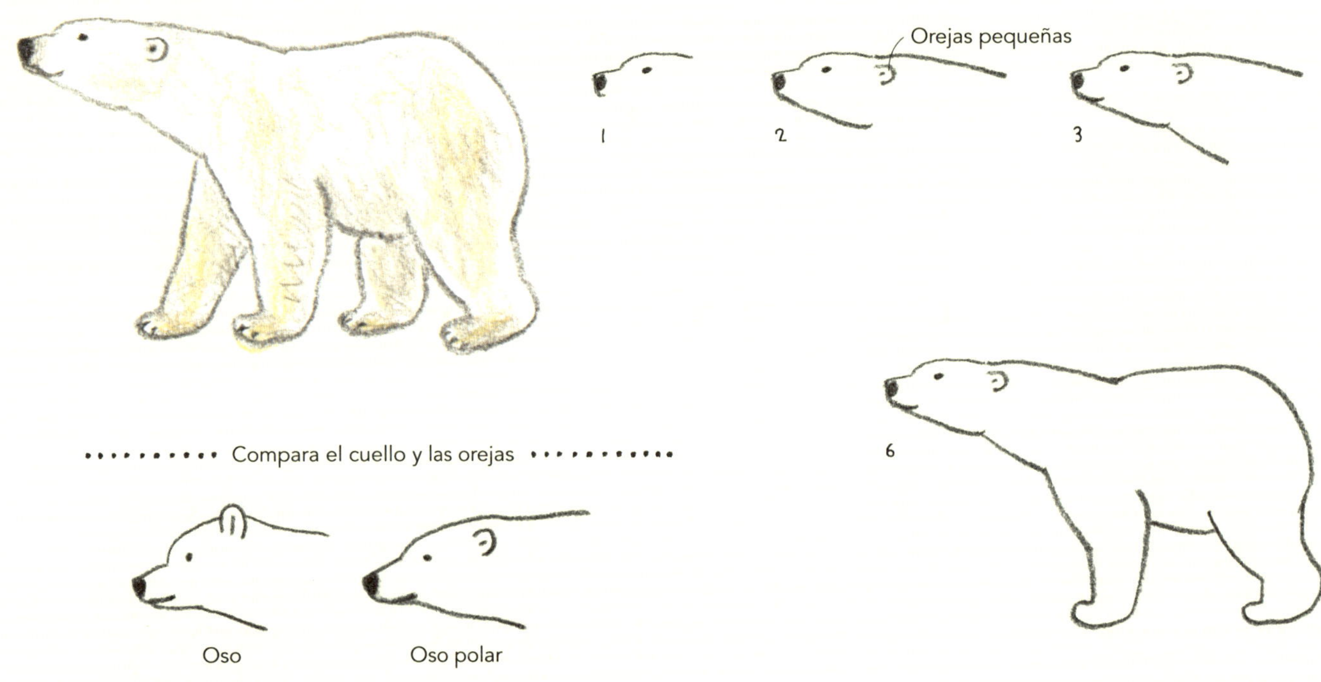

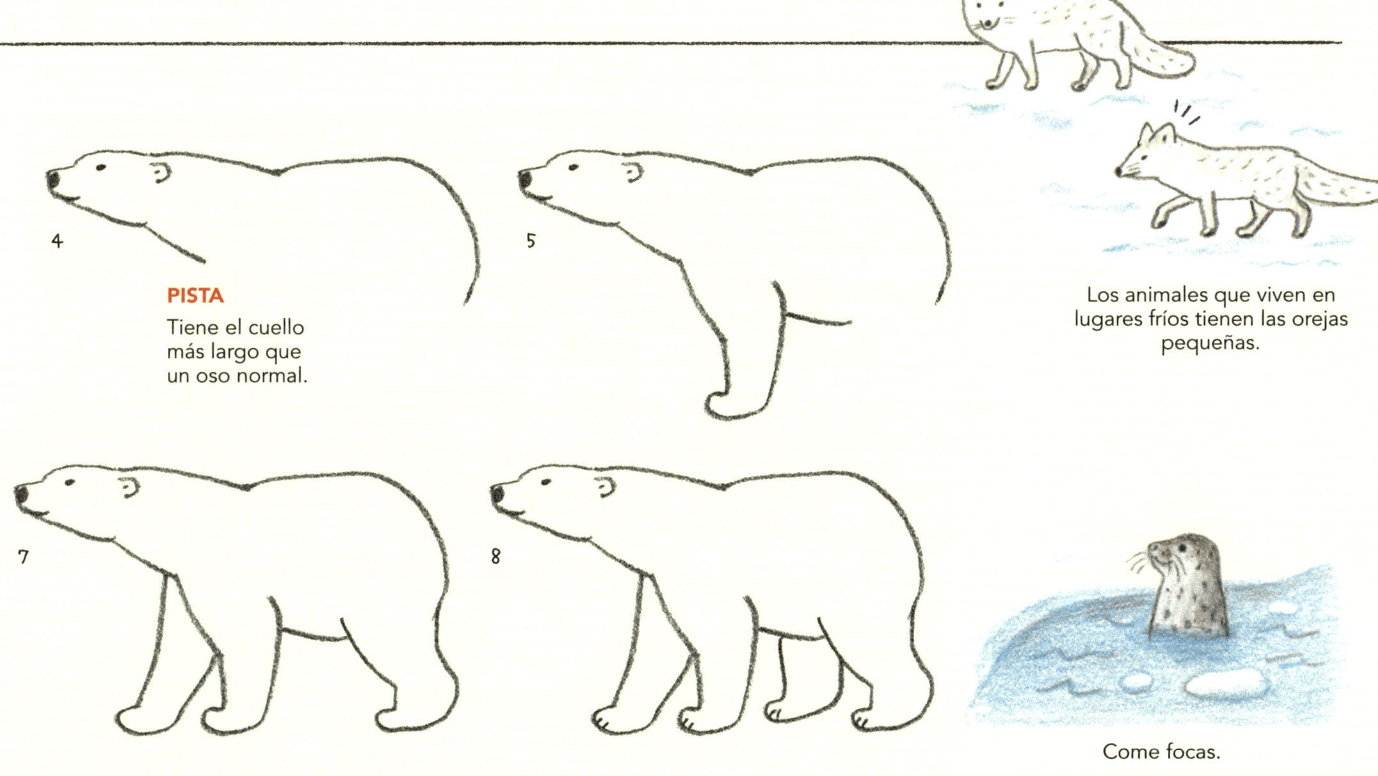

PISTA

Tiene el cuello más largo que un oso normal.

Los animales que viven en lugares fríos tienen las orejas pequeñas.

Come focas.

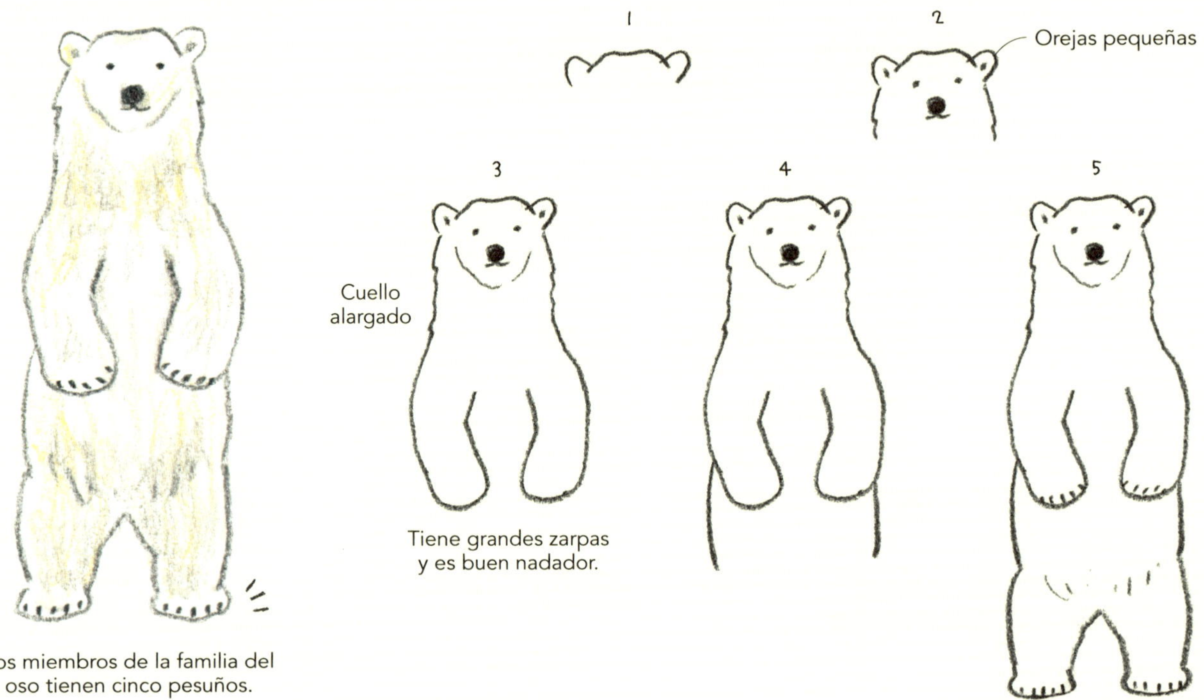

Los miembros de la familia del oso tienen cinco pesuños.

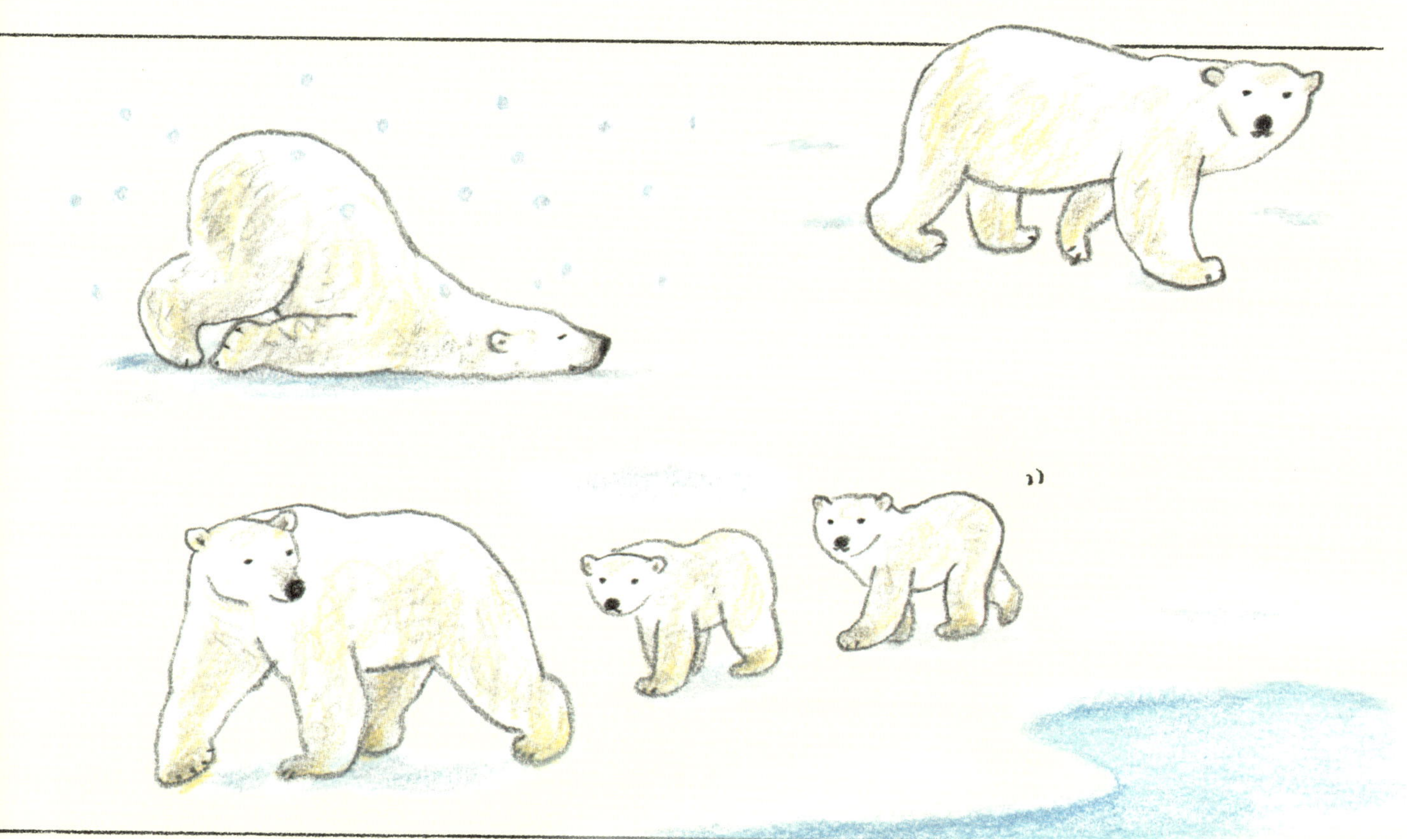

El ciervo (familia de los cérvidos)

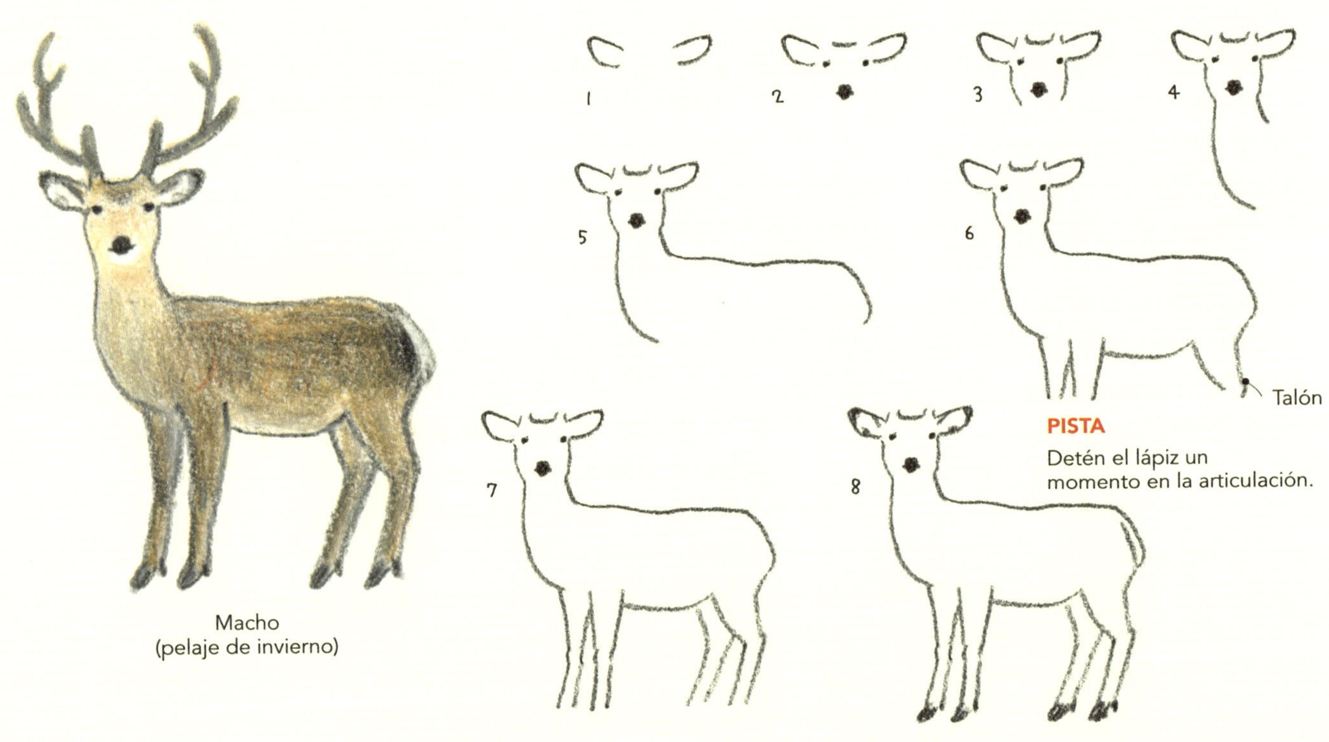

Macho
(pelaje de invierno)

PISTA

Detén el lápiz un momento en la articulación.

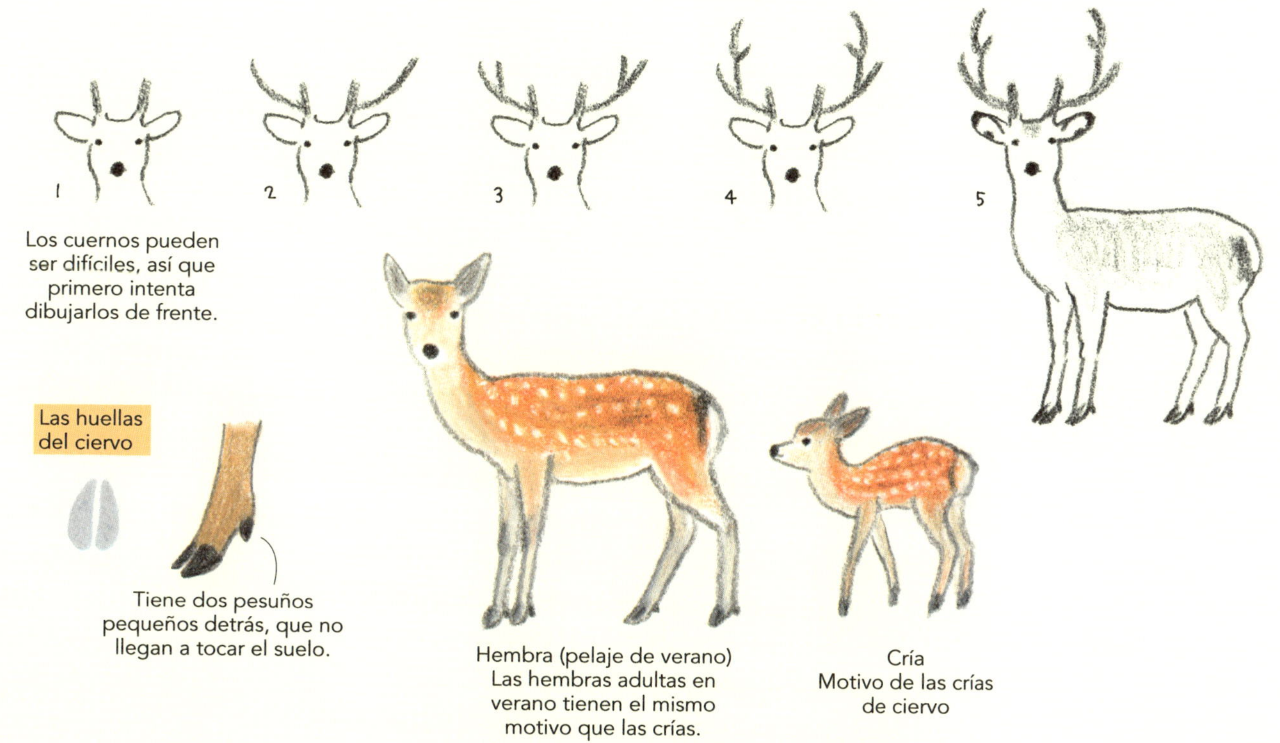

Hembra (pelaje de verano)
Las hembras adultas en verano tienen el mismo motivo que las crías.

Cría
Motivo de las crías de ciervo

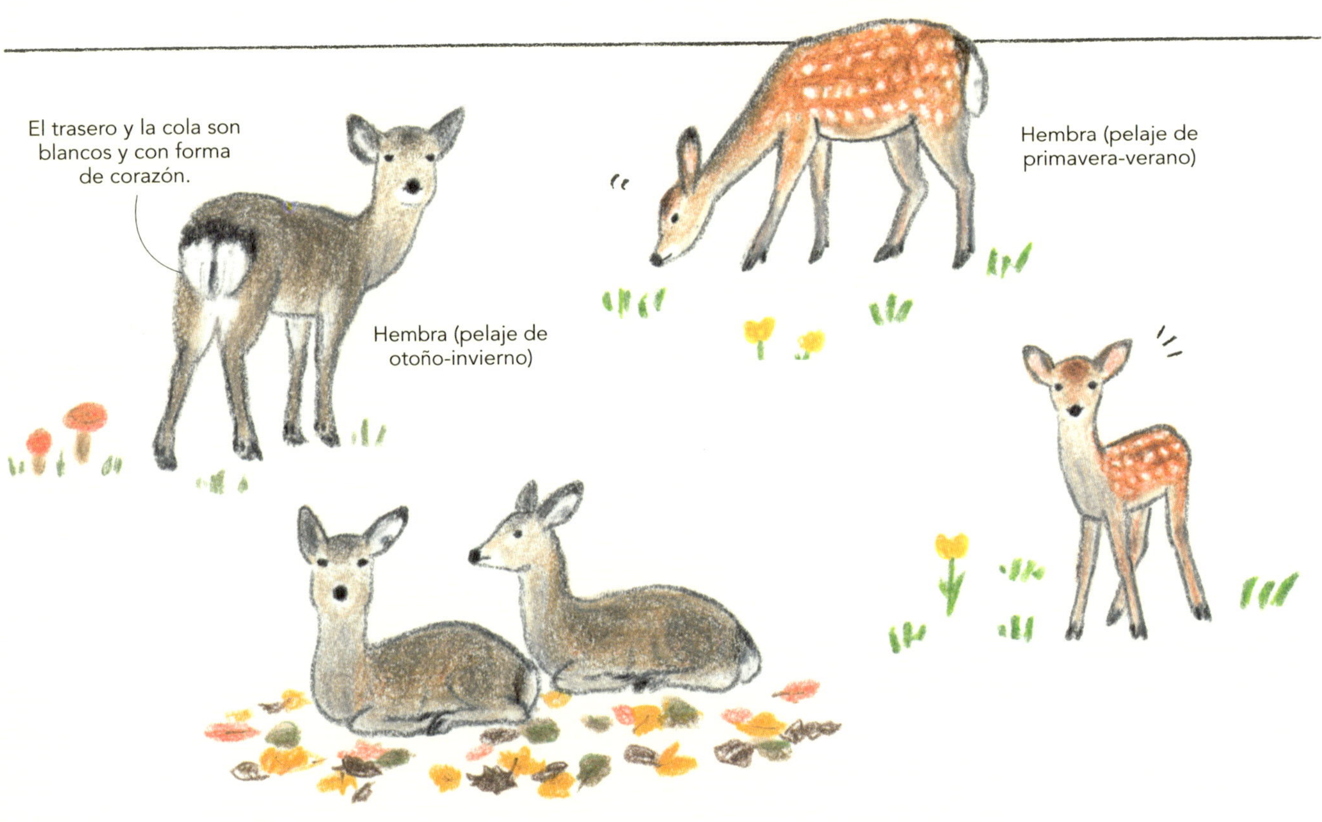
El trasero y la cola son
blancos y con forma
de corazón.
Hembra (pelaje de
otoño-invierno)
Hembra (pelaje de
primavera-verano)

Familia de los cérvidos

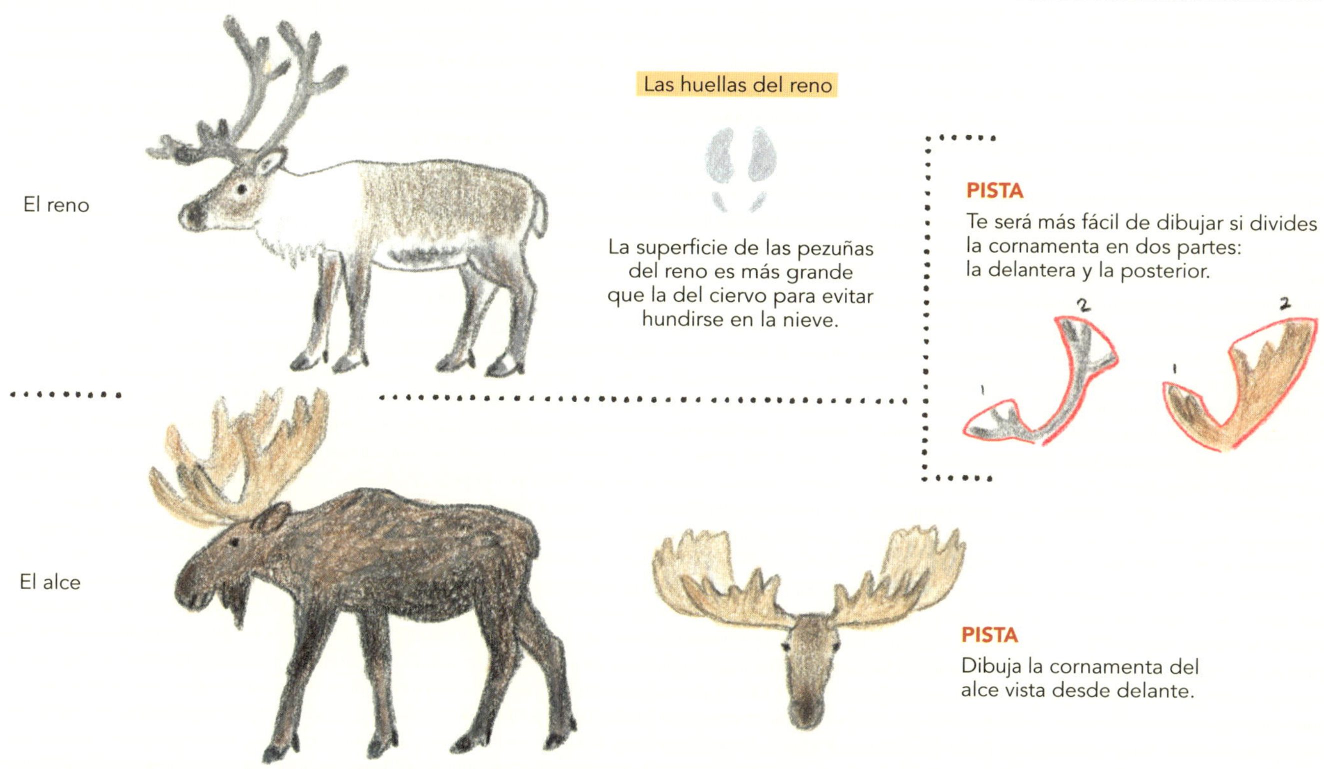

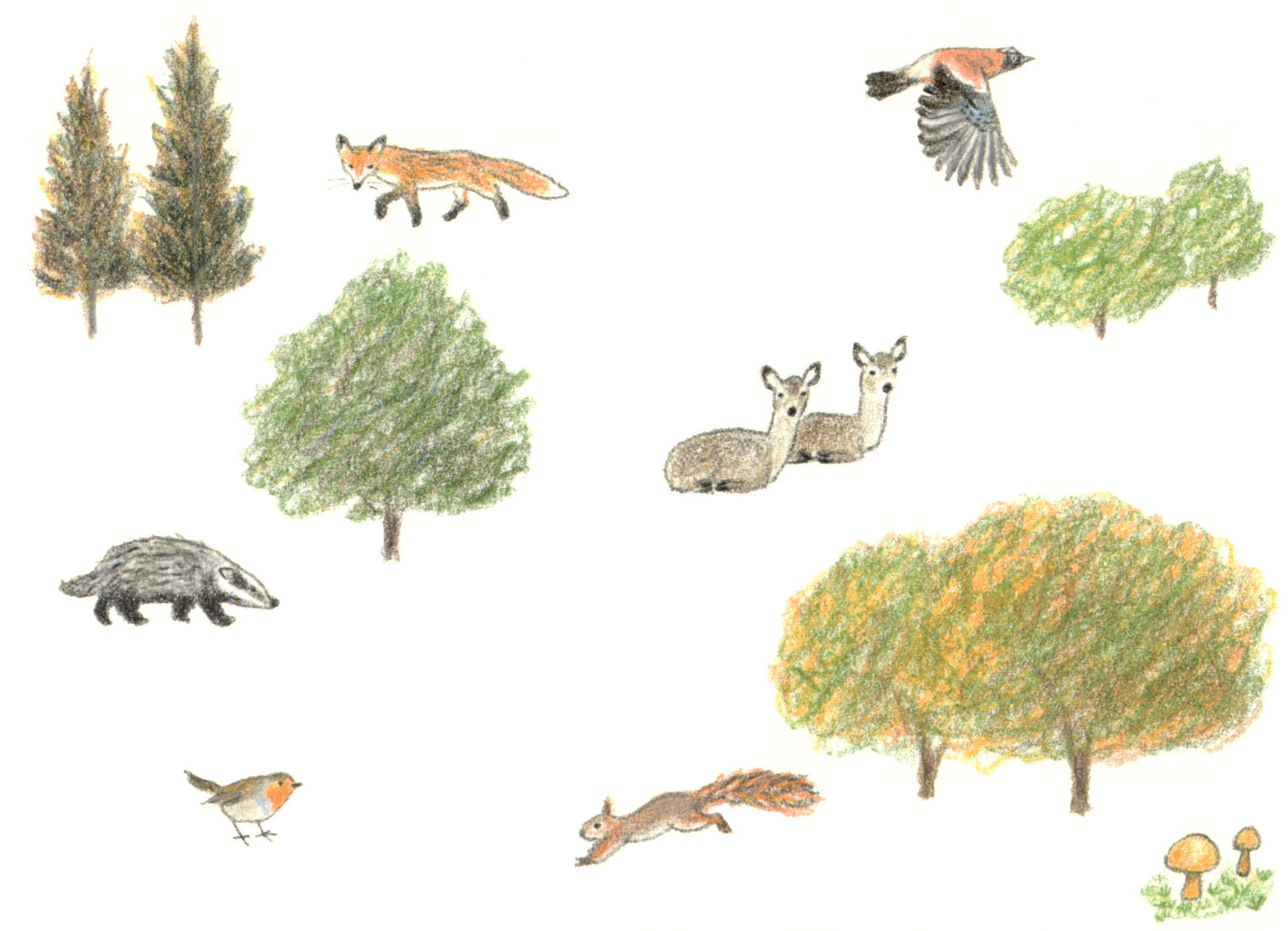

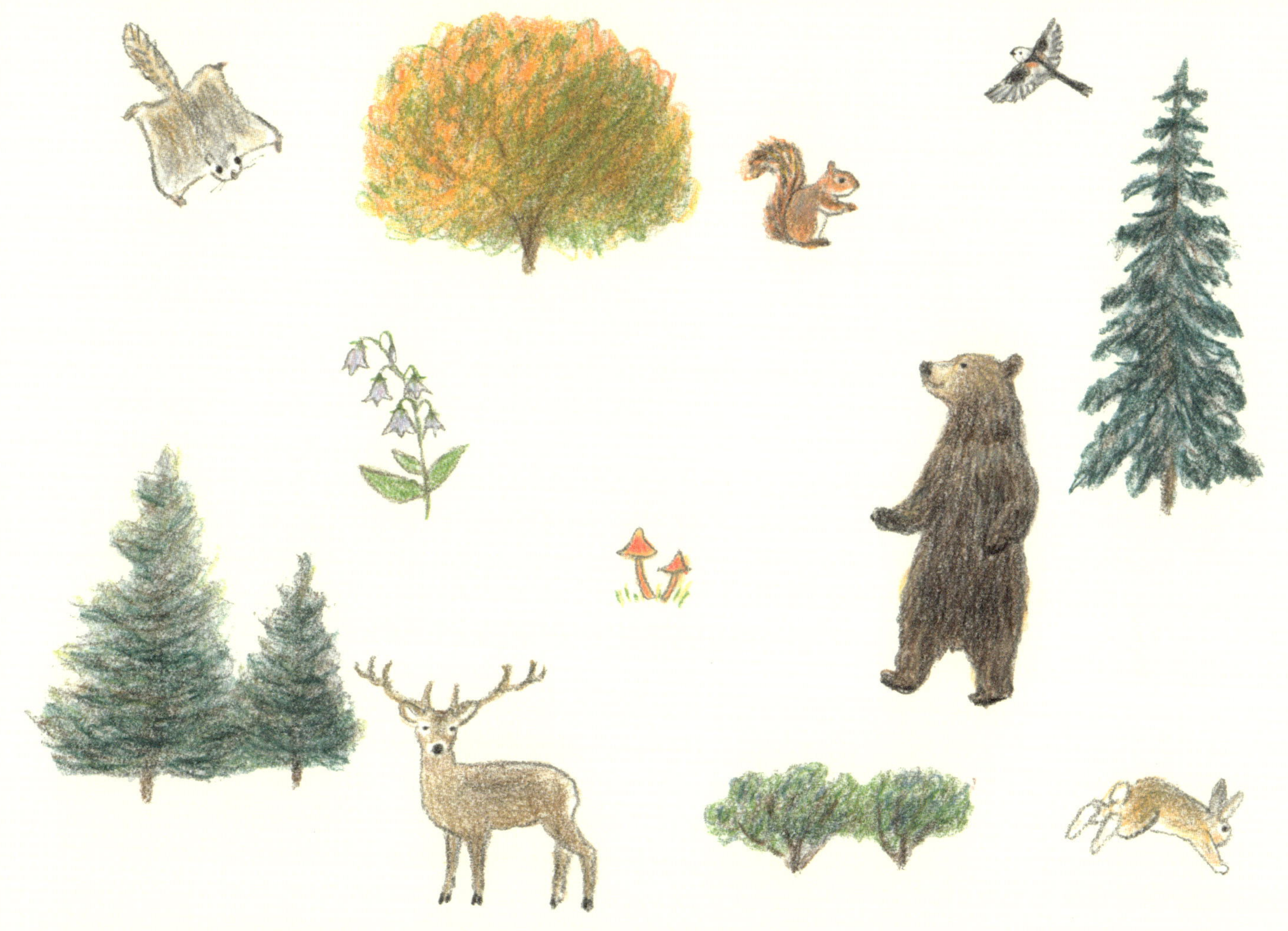

La vaca (familia de los bóvidos)

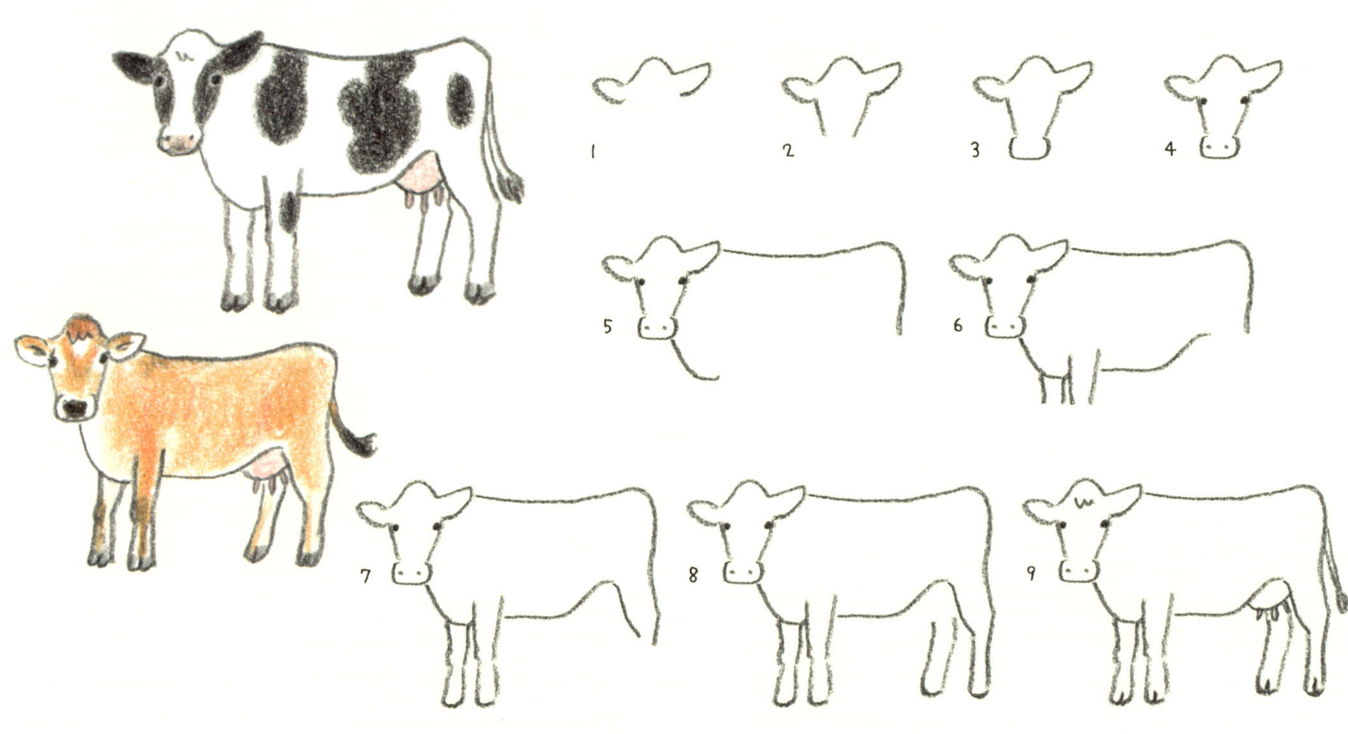

Familia de los bóvidos

El serau japonés

Existen muchos animales con diferentes tipos de cornamenta.

Las huellas de la vaca

El búbalo

Tiene dos pesuños pequeños detrás, que no llegan a tocar el suelo.

La cabra blanca

Las ovejas y las cabras también somos parientes de las vacas.

El muflón de las montañas

El takín dorado

La cabra (familia de los bóvidos)

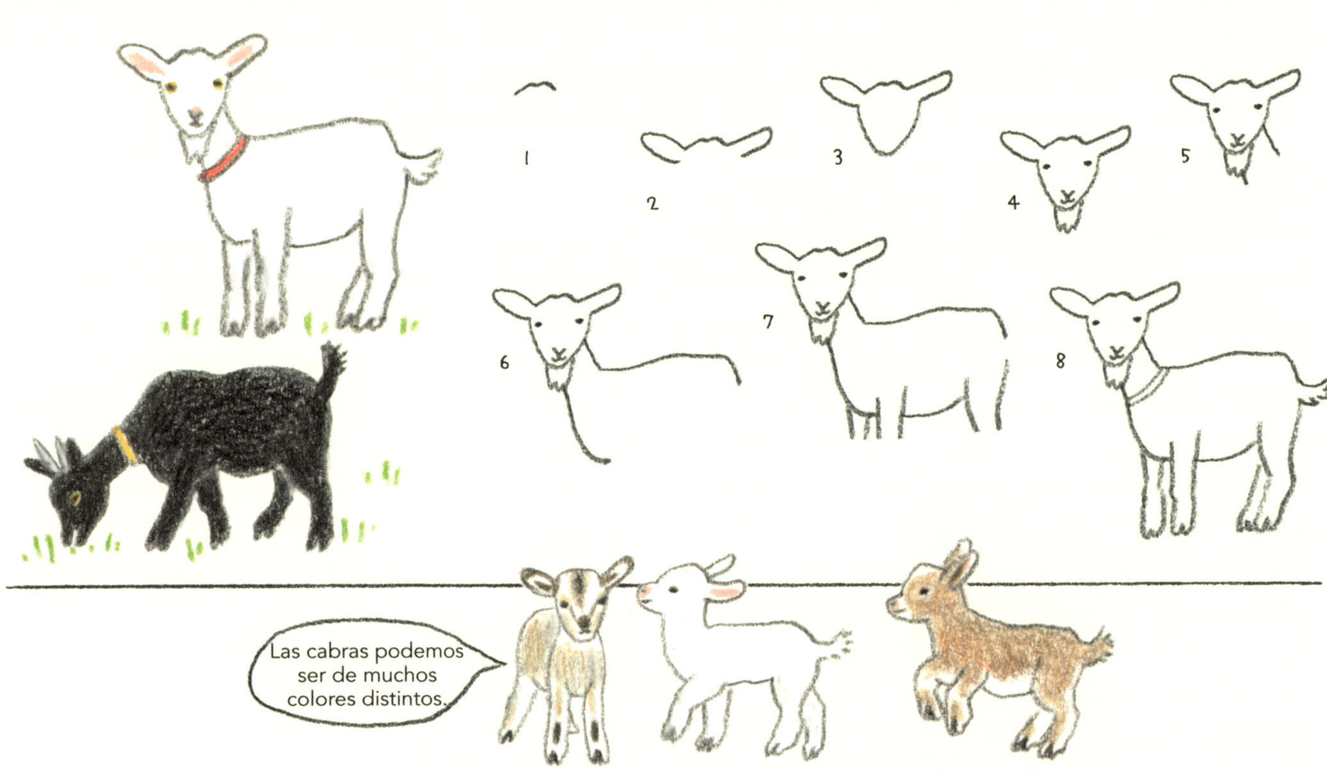

La oveja (familia de los bóvidos)

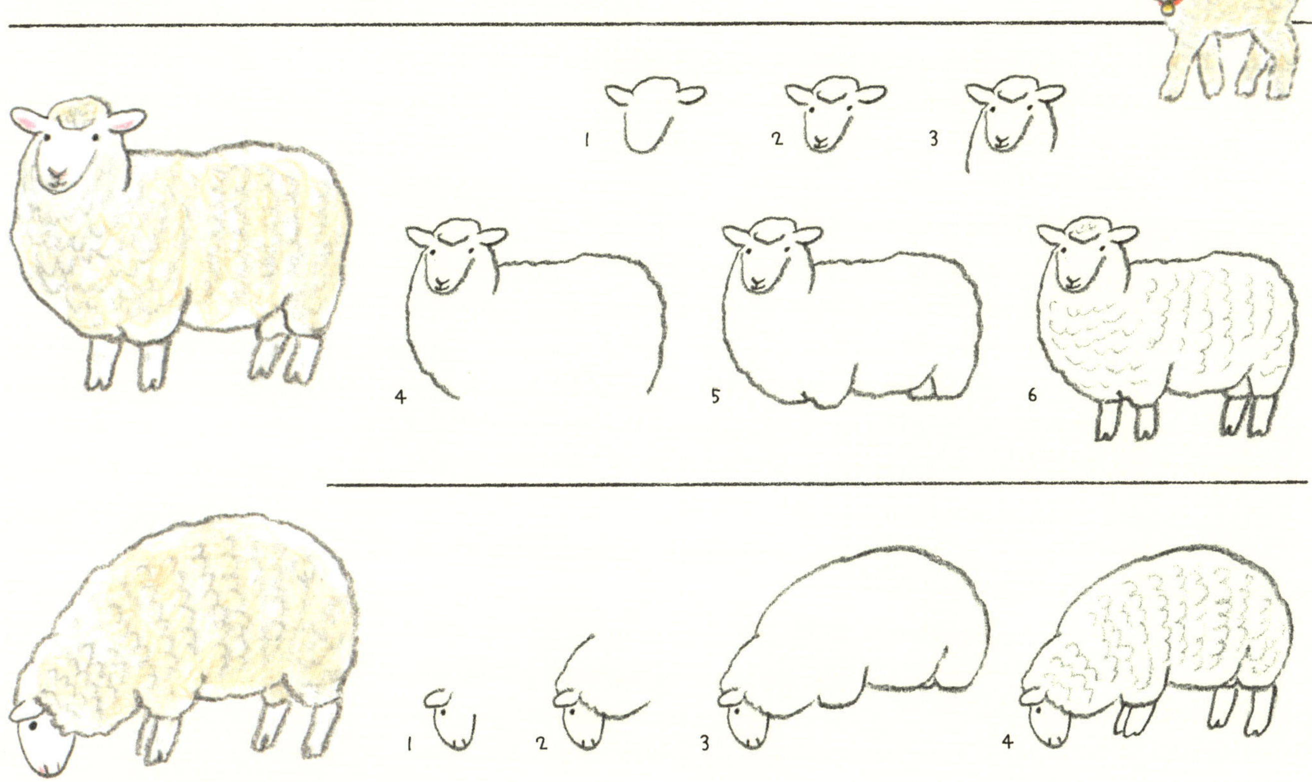

El cerdo (familia de los suidos)

El minicerdo

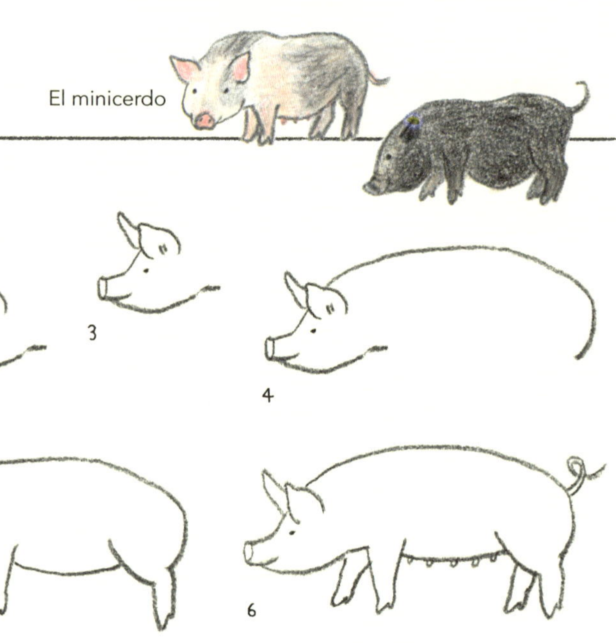

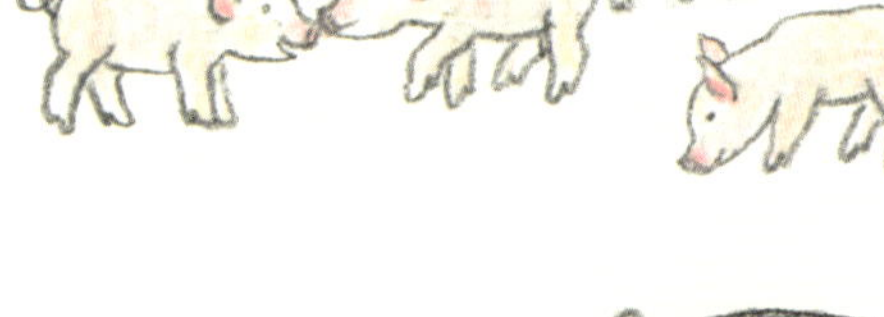

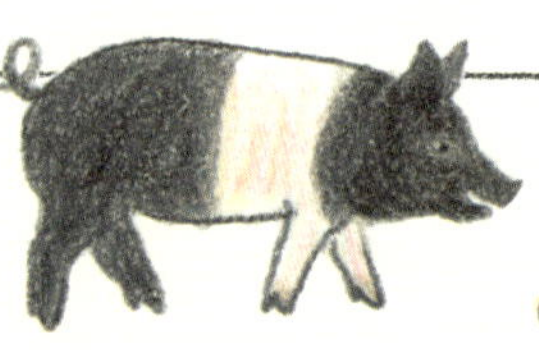

Los cerdos podemos ser de muchos colores y con muchos motivos distintos.

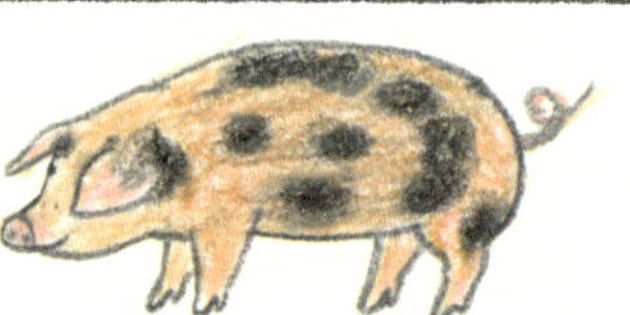

Las huellas del cerdo

Cerdo Jabalí

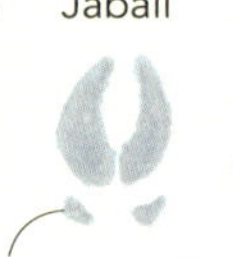

Aquí tiene dos pesuños más.

Los pesuños pequeños y traseros del jabalí también se apoyan en el suelo.

El jabalí (familia de los suidos)

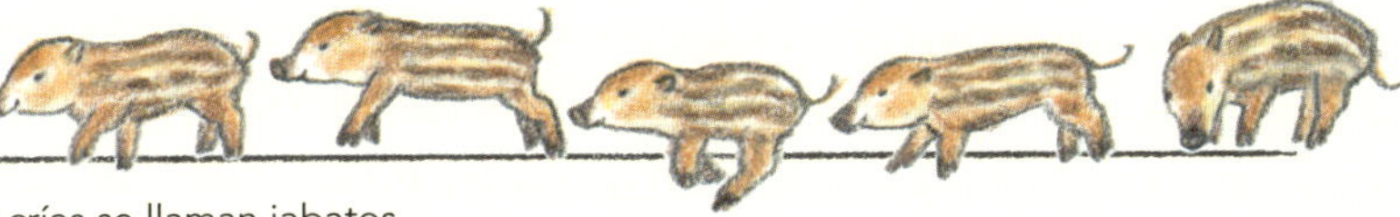

Las crías se llaman jabatos.

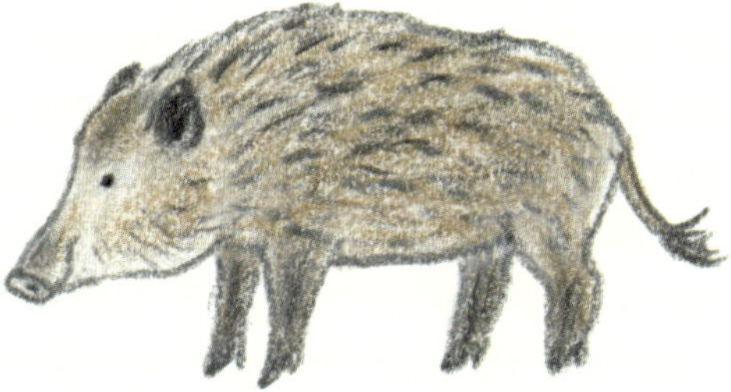

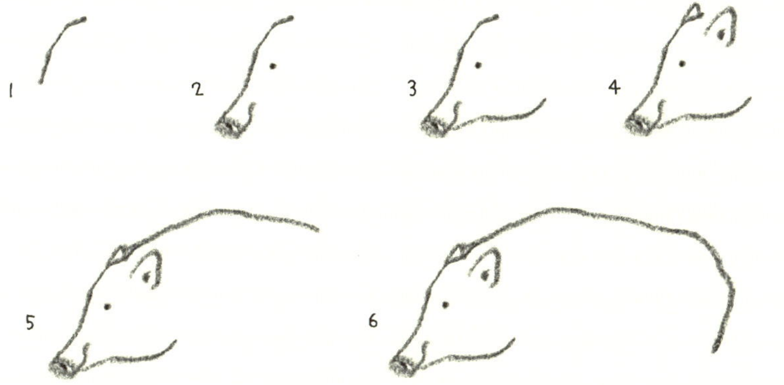

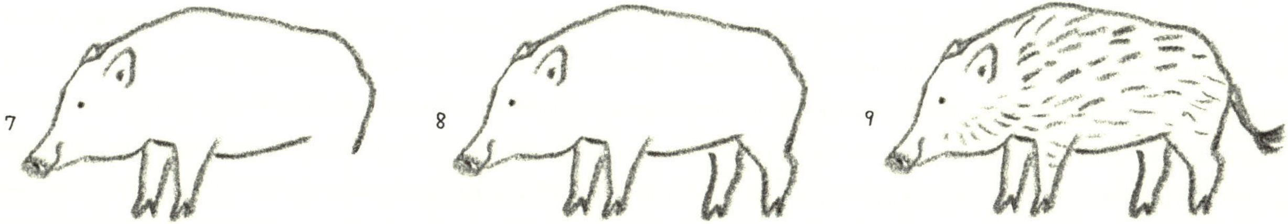

El camello (familia de los camélidos)

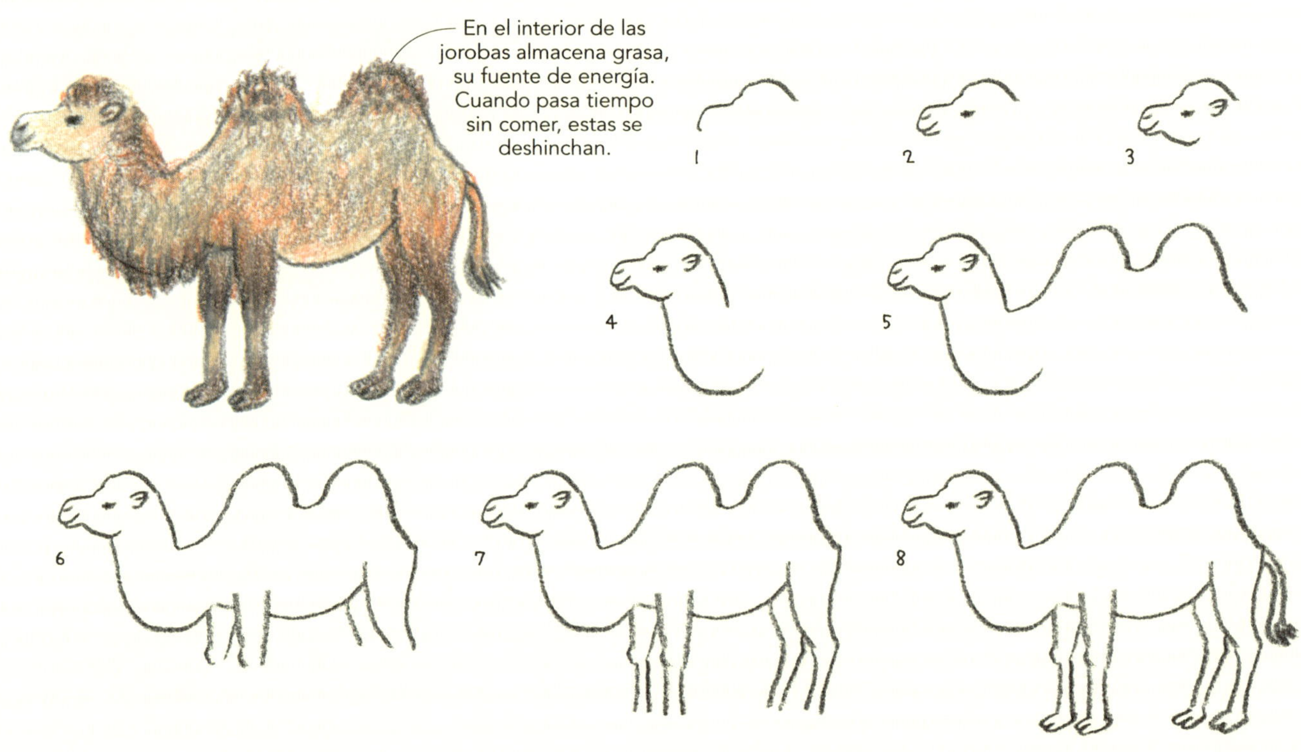

Familia de los camélidos

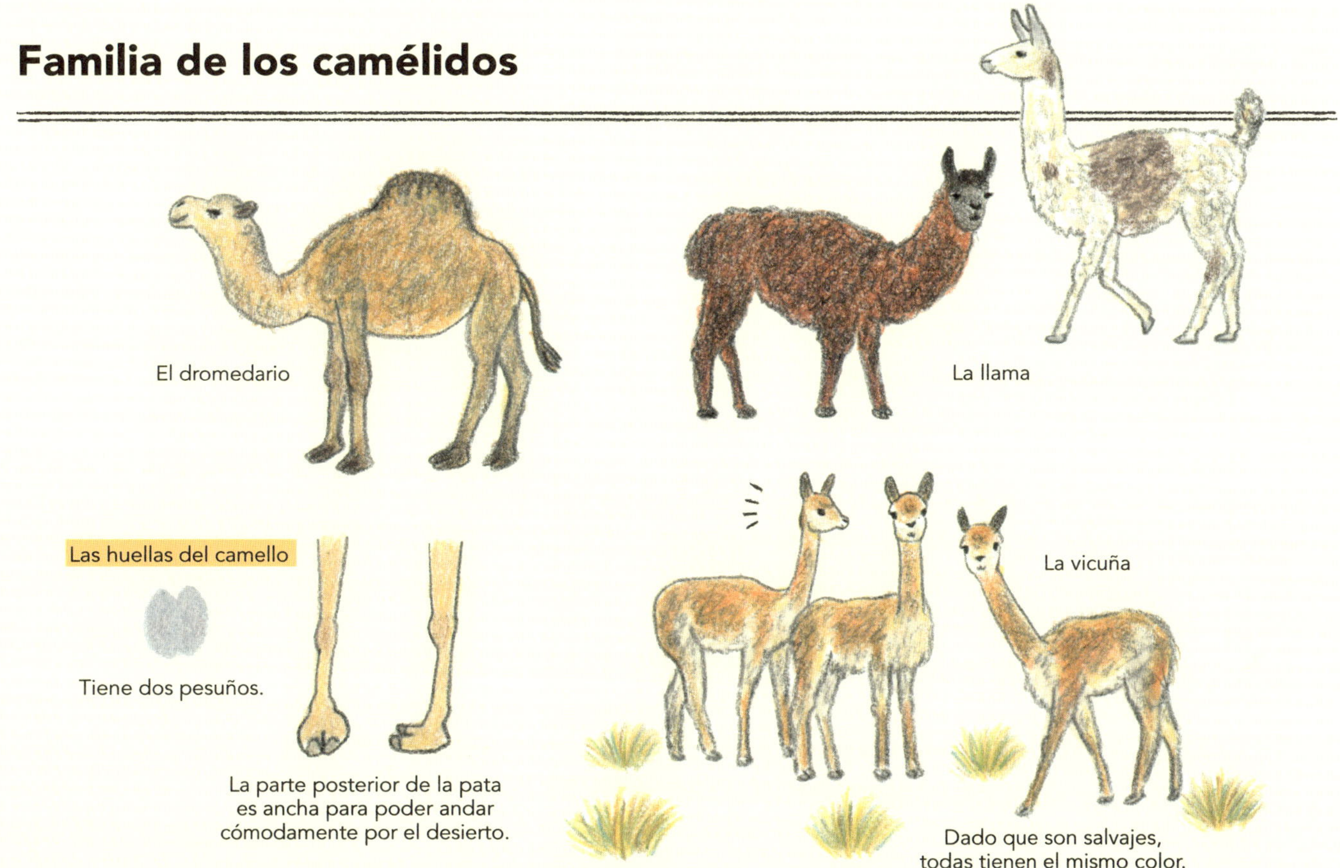

La alpaca (familia de los camélidos)

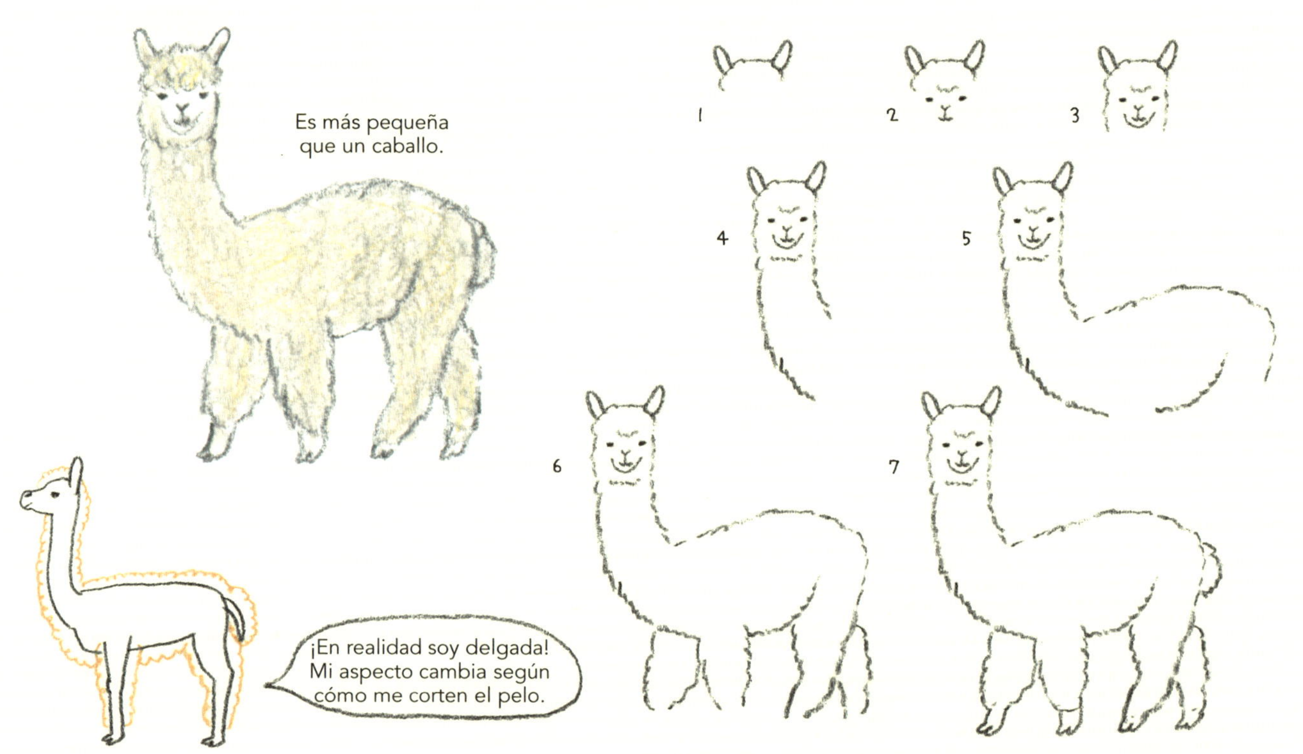

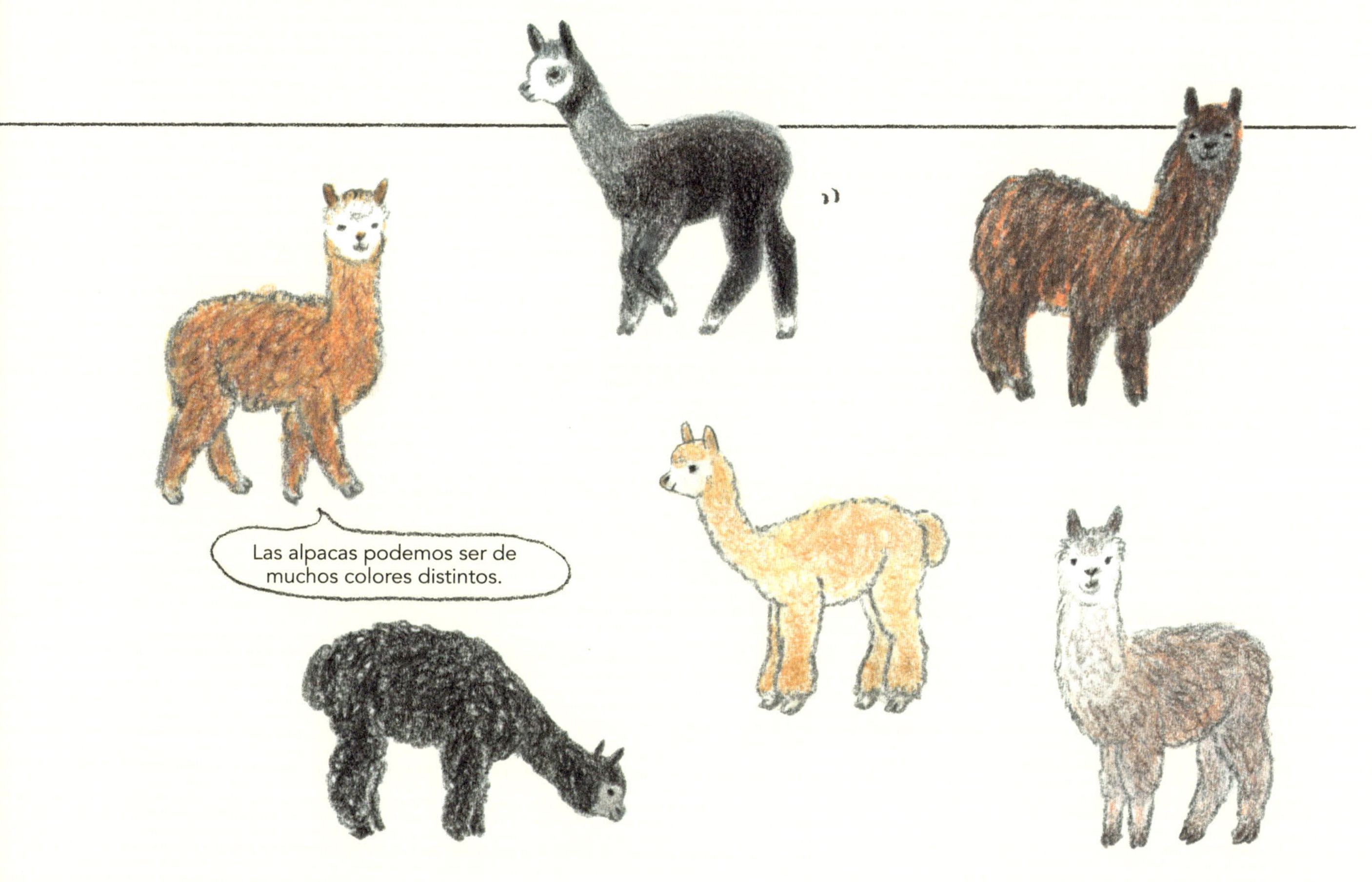
Las alpacas podemos ser de
muchos colores distintos.

El caballo (familia de los équidos)

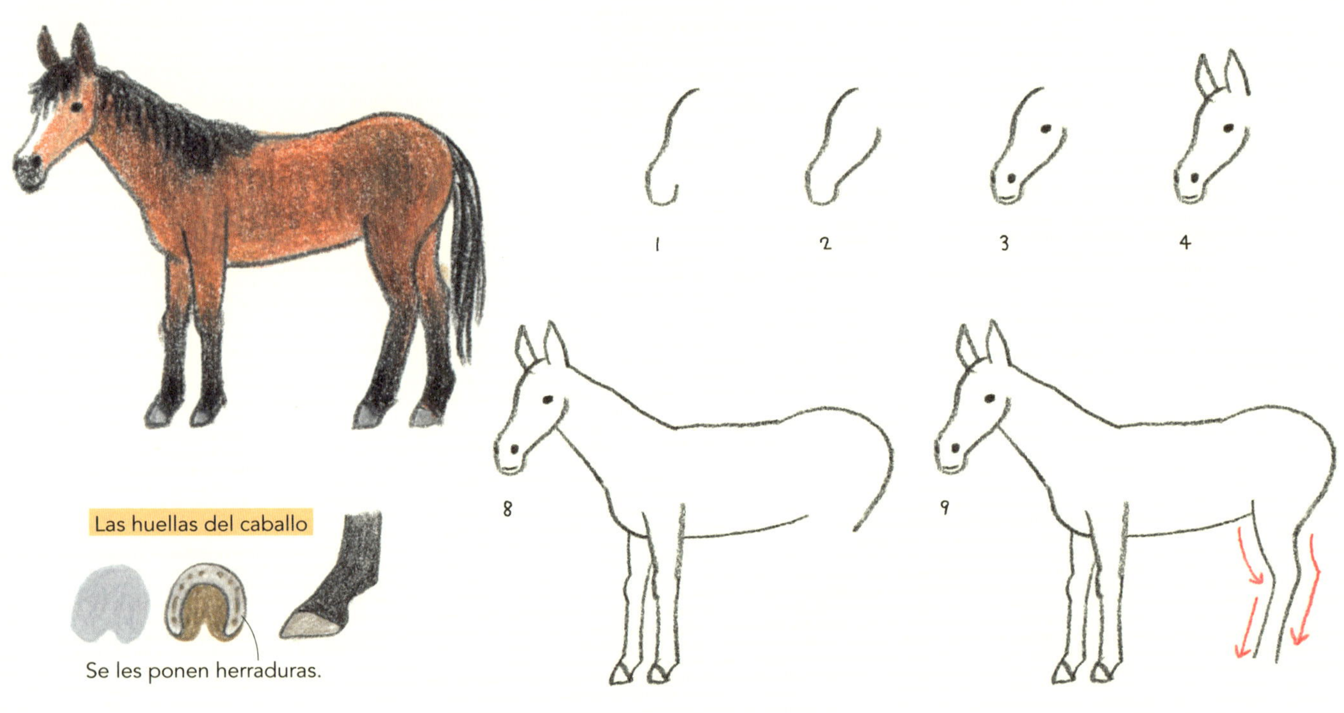

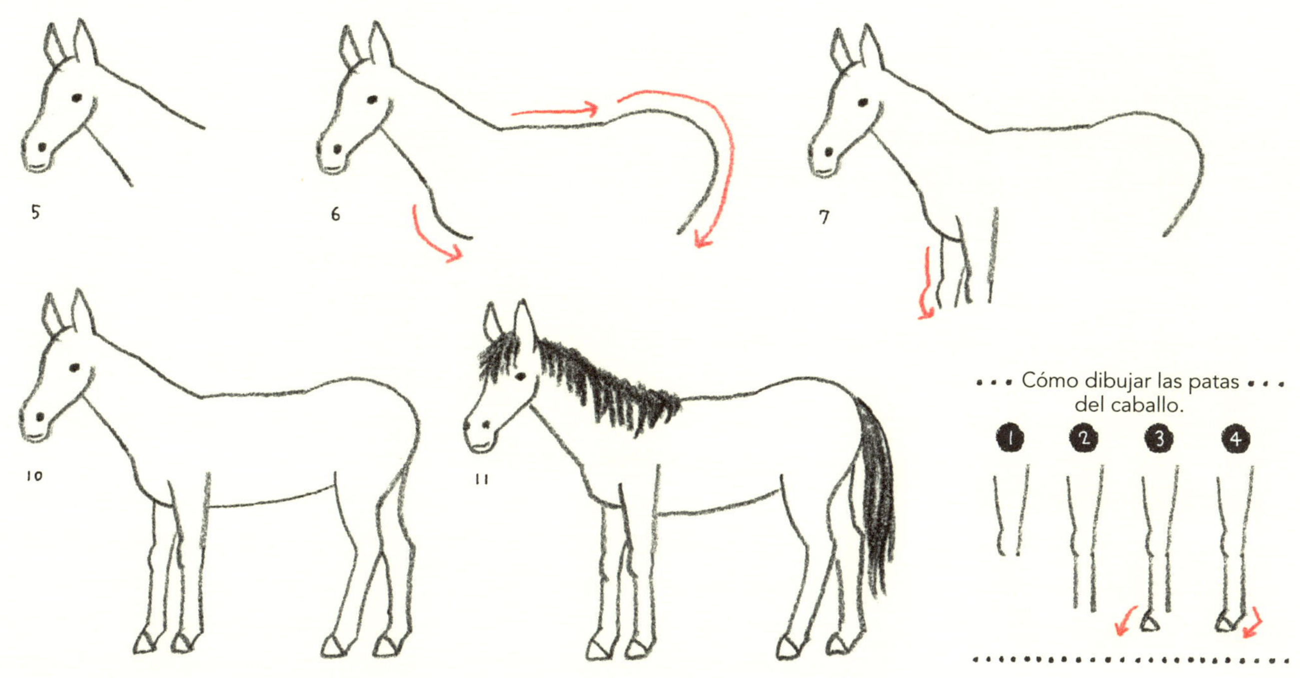
5
6
7
10
11
Cómo dibujar las patas del caballo.
1
2
3
4

Intenta dar movimiento a las patas y al cuello del caballo.

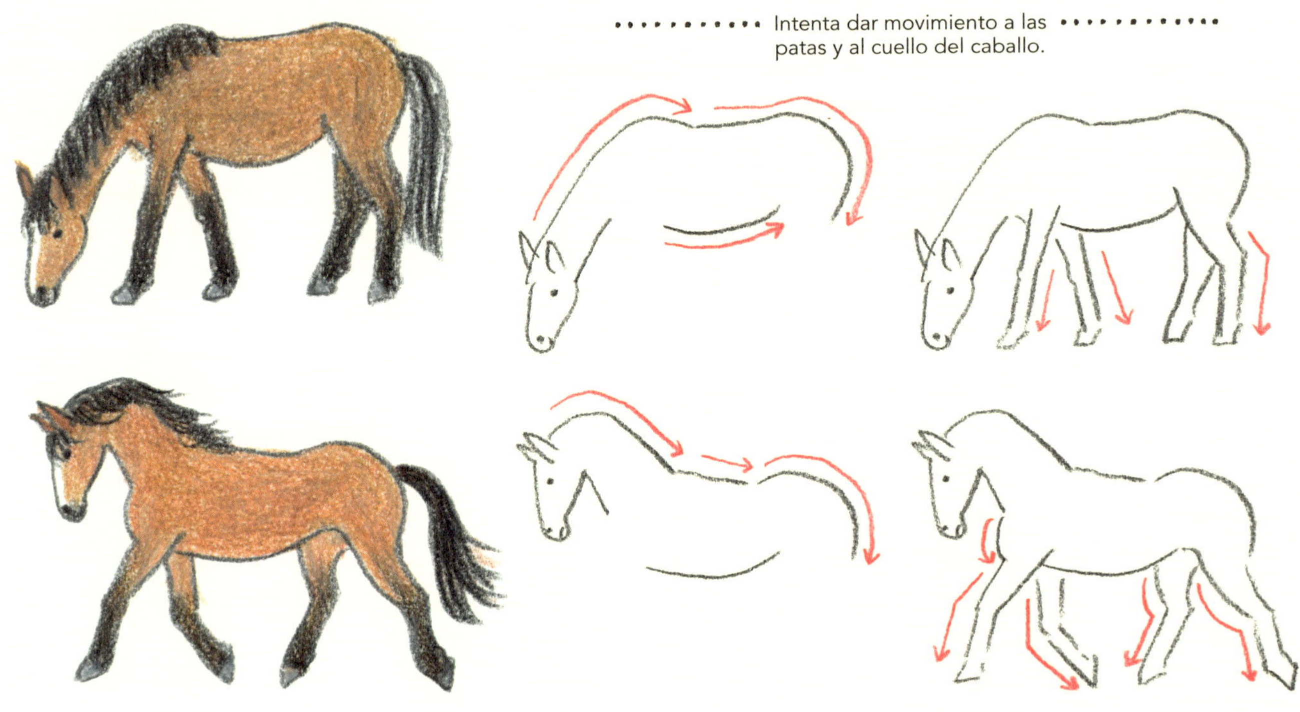

El asno (familia de los équidos)

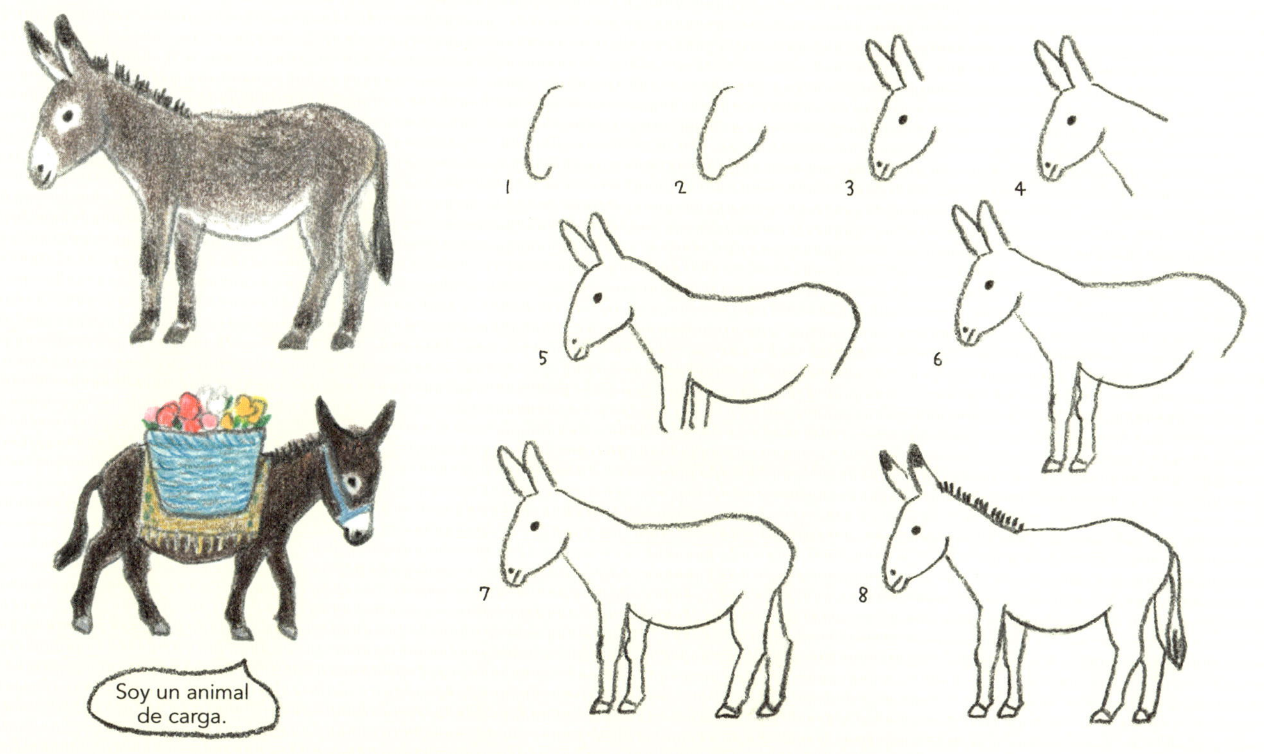

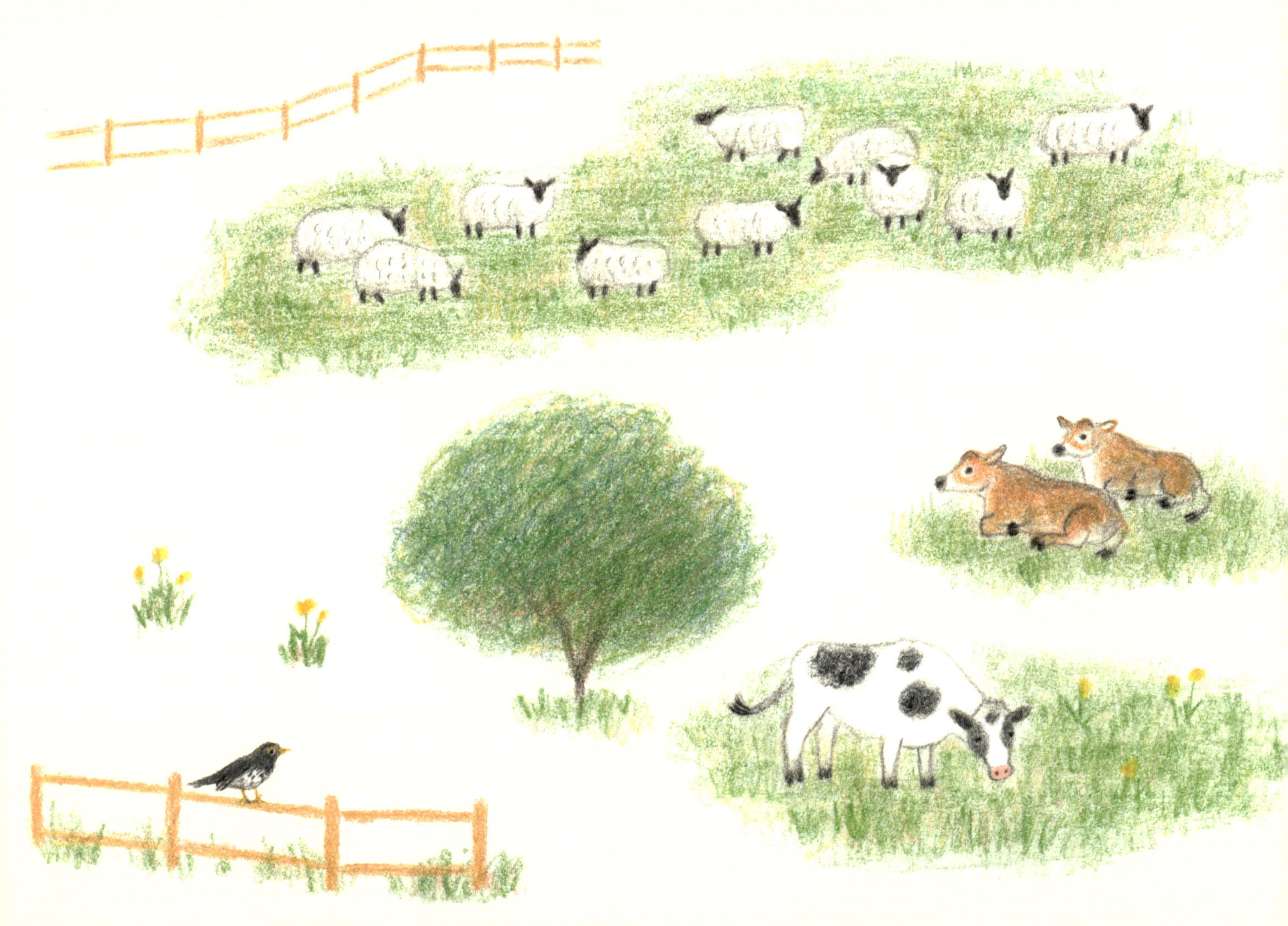

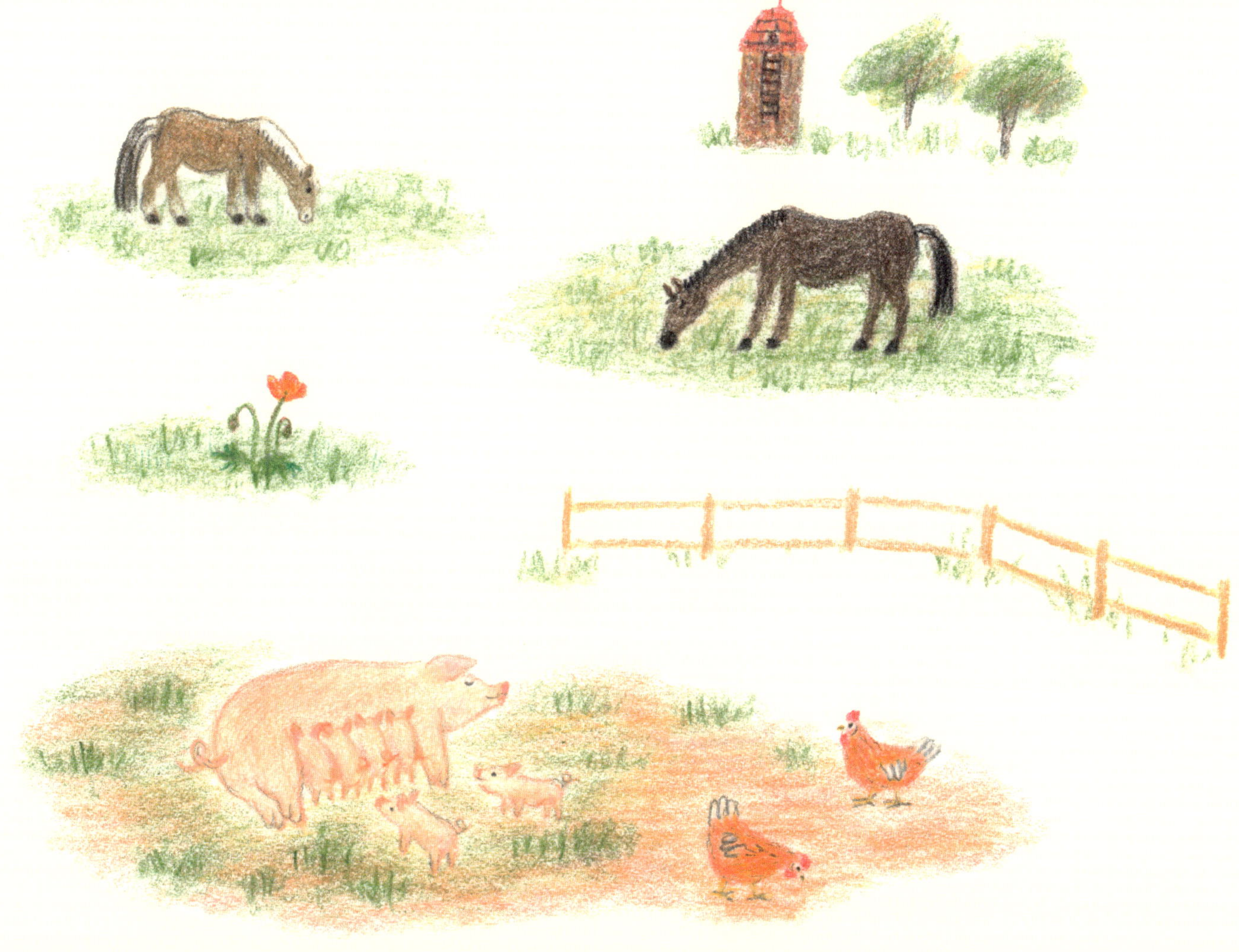

El gato (familia de los felinos)

••• Primero prueba a dibujar solo la cara •••

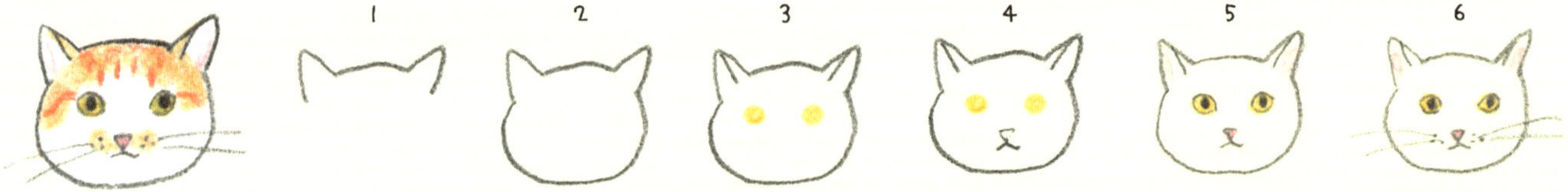

1 2 3 4 5 6

No hay dos gatos iguales, así que puedes dibujar tantas caras como quieras.

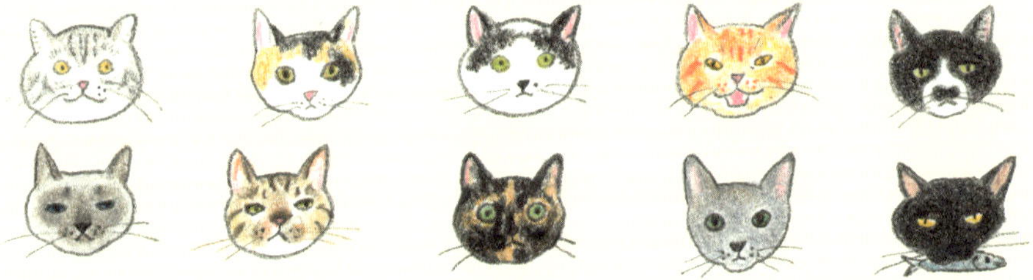

••••• La expresión de los ojos •••••

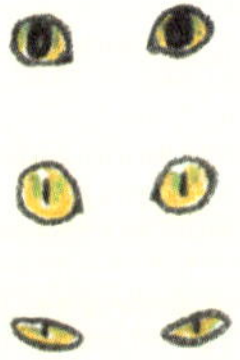

Cuando está oscuro, las pupilas se dilatan.

Cuando hay luz, las pupilas se contraen.

Sonríen satisfechos.

••••• El color de los ojos •••••

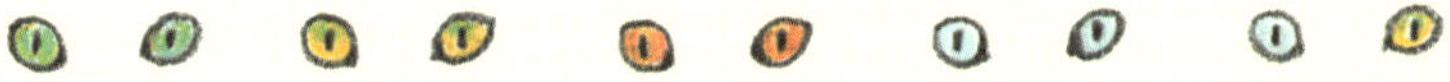

Verdes

Amarillos

Pardos

Azules

Heterocromía

Algunos gatos puede tener un ojo de cada color, aunque es algo excepcional.

Los colores y dibujos en el pelaje de los gatos

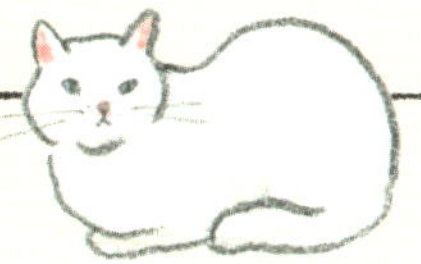
Blanco

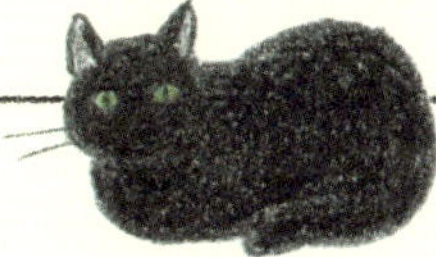
Negro

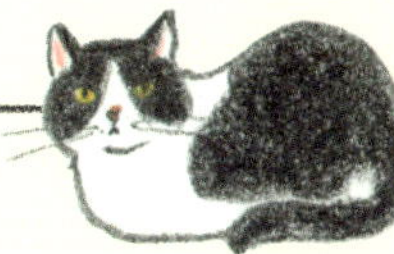
Blanco y negro

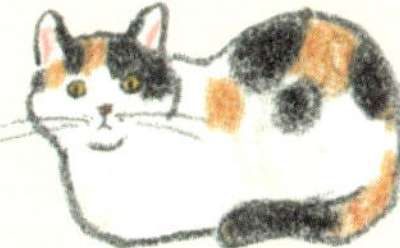
Tricolor

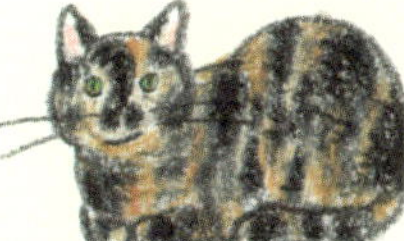
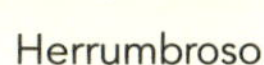
Herrumbroso

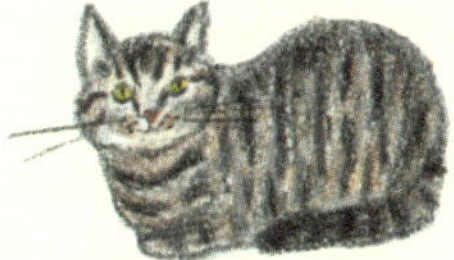
Pardo atigrado

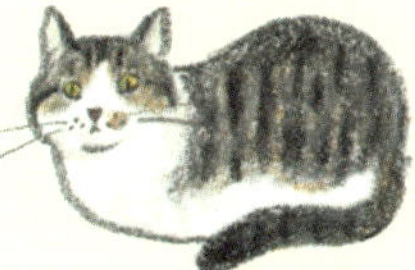
Pardo atigrado con el vientre blanco

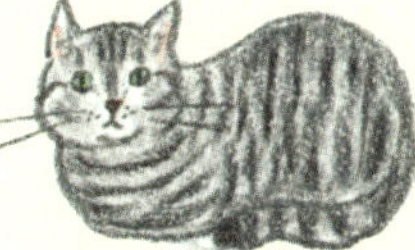
Gris a rayas

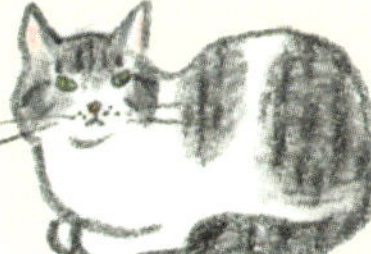
Gris a rayas con el vientre blanco

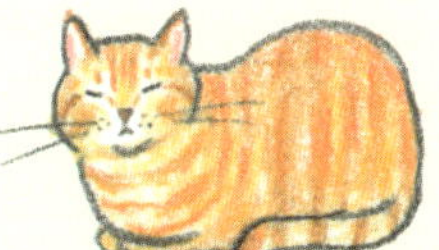
Rubio atigrado

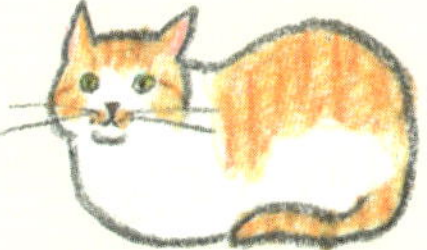
Rubio atigrado con el vientre blanco

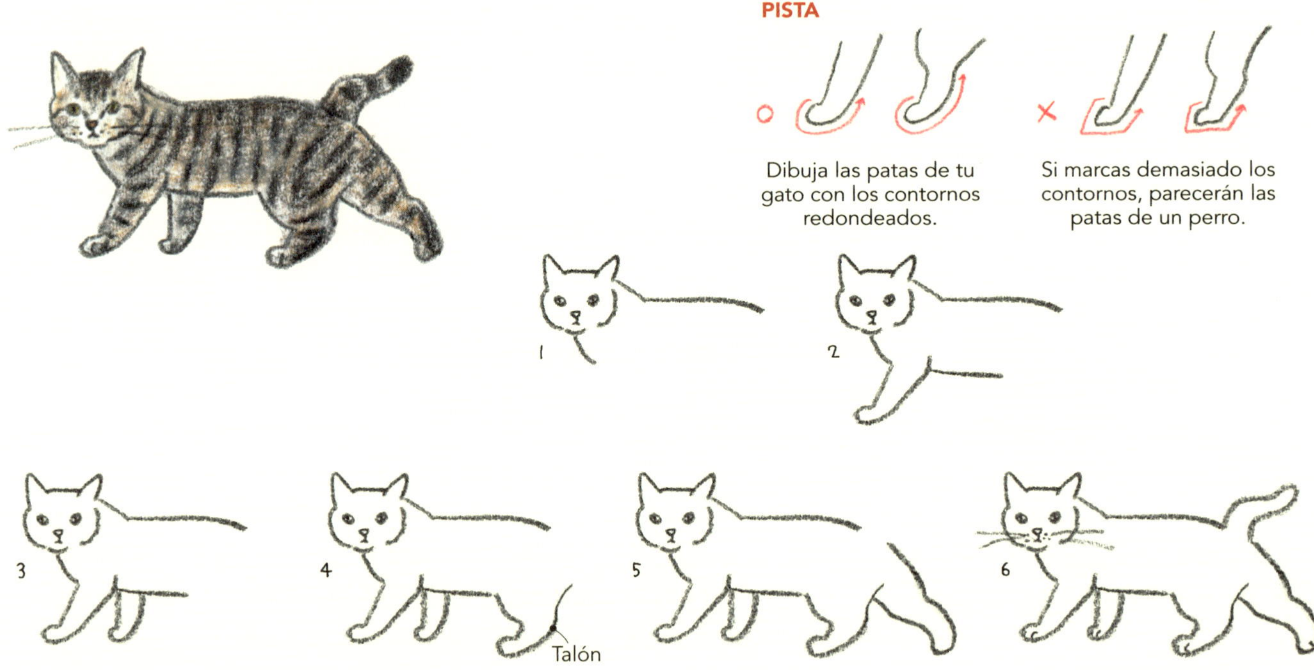

PISTA

Dibuja las patas de tu gato con los contornos redondeados.

Si marcas demasiado los contornos, parecerán las patas de un perro.

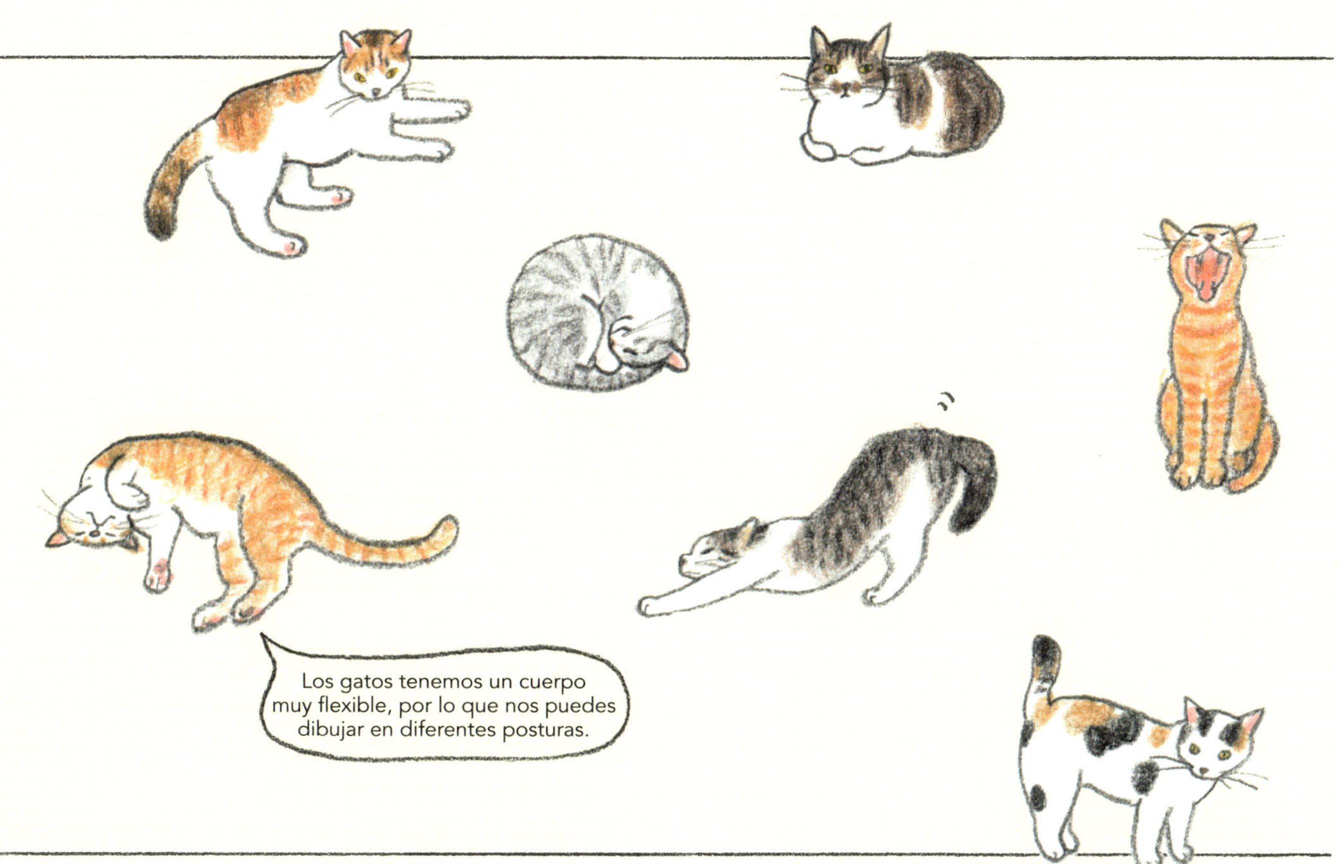
Los gatos tenemos un cuerpo
muy flexible, por lo que nos puedes
dibujar en diferentes posturas.

Una variedad de gatos

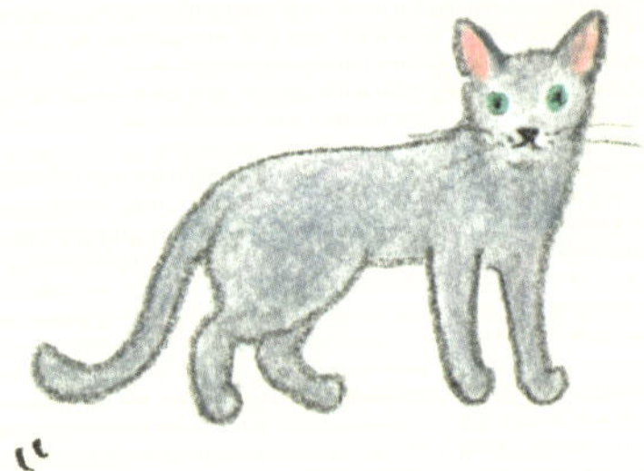

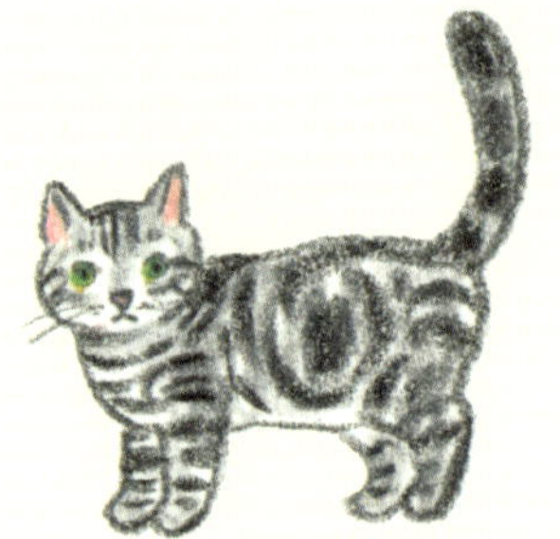

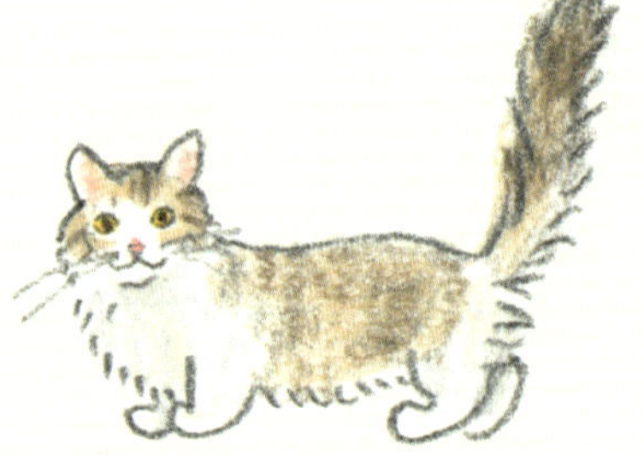

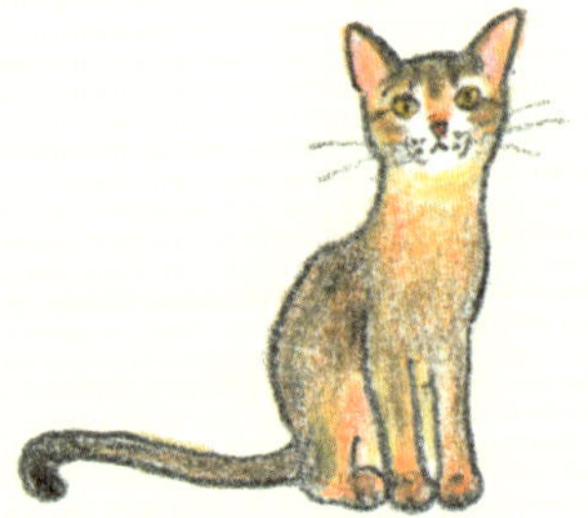

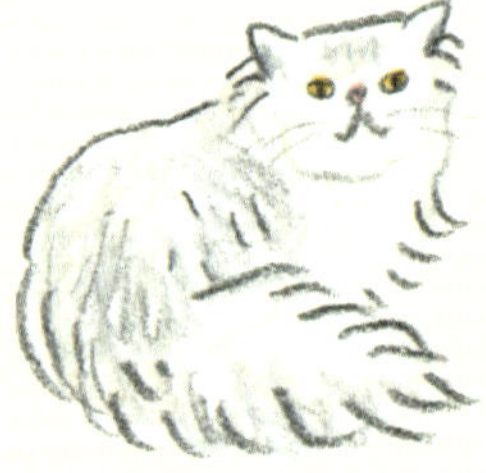

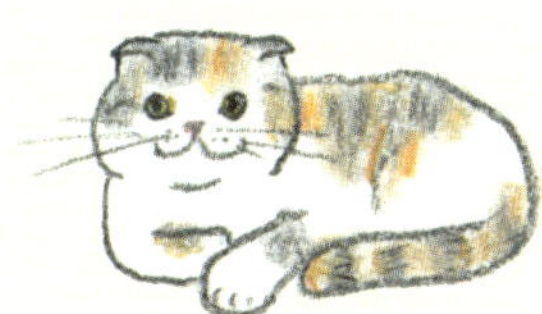

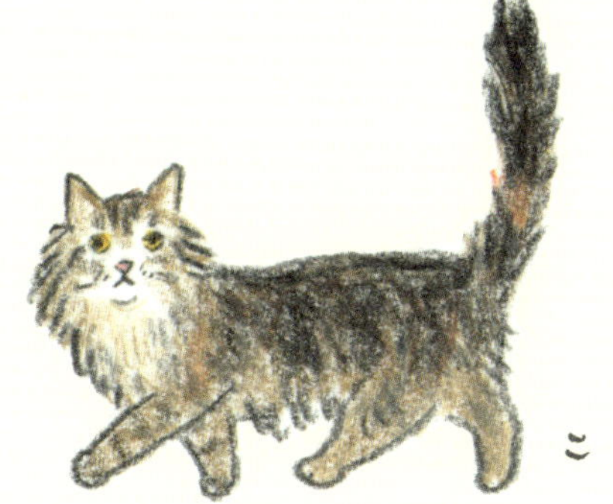

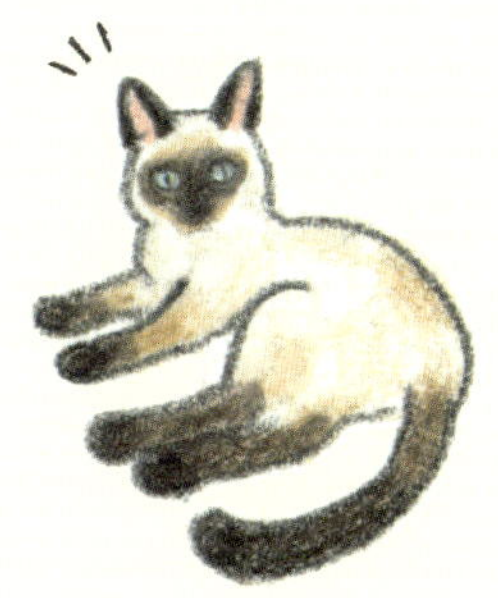

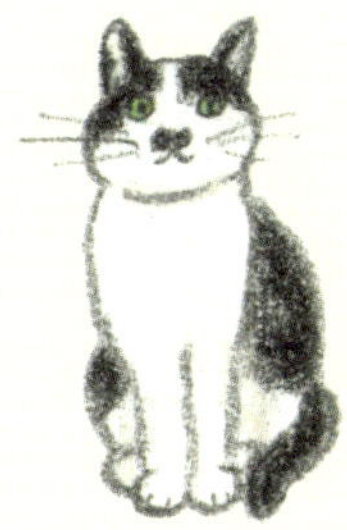

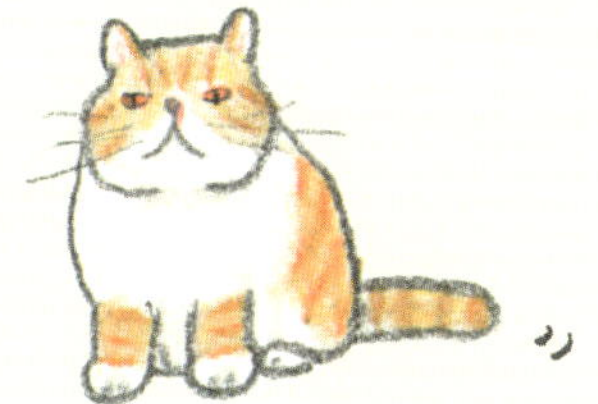

El león (familia de los felinos)

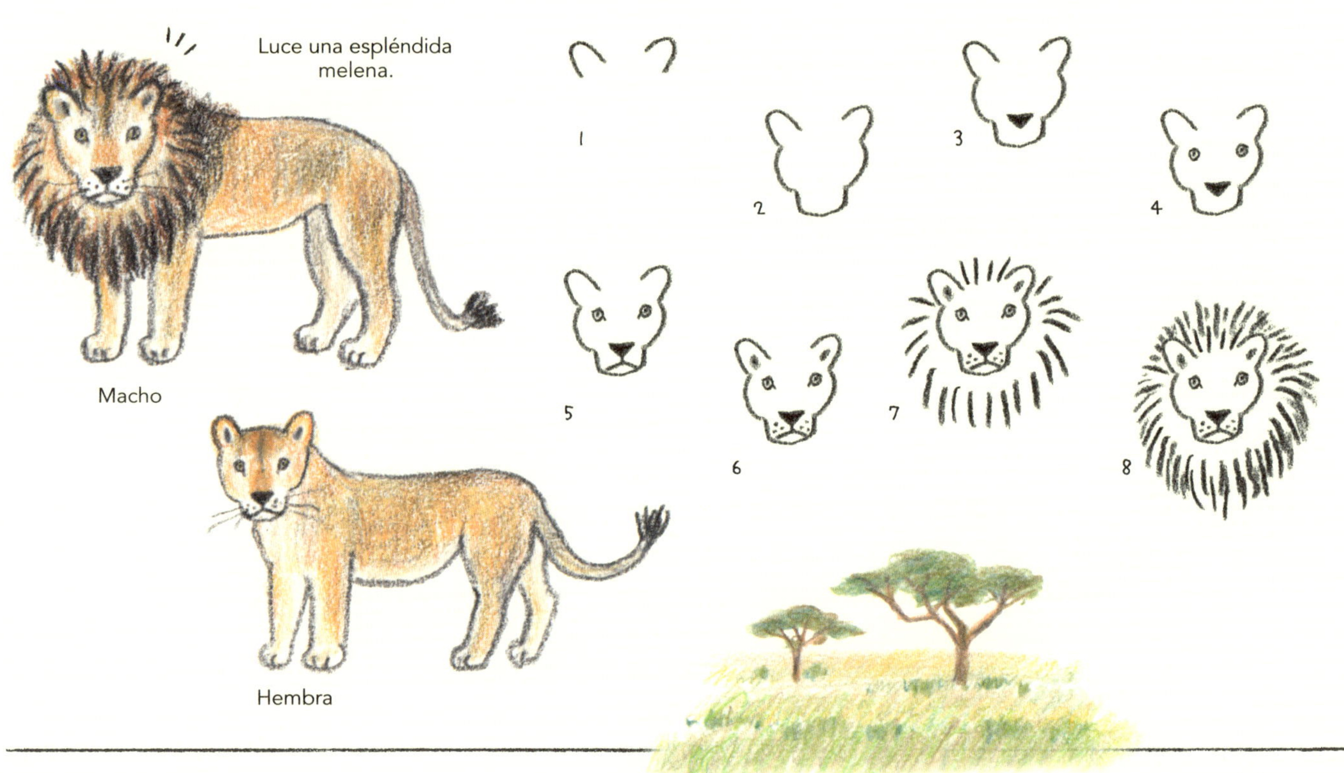

Macho

Hembra

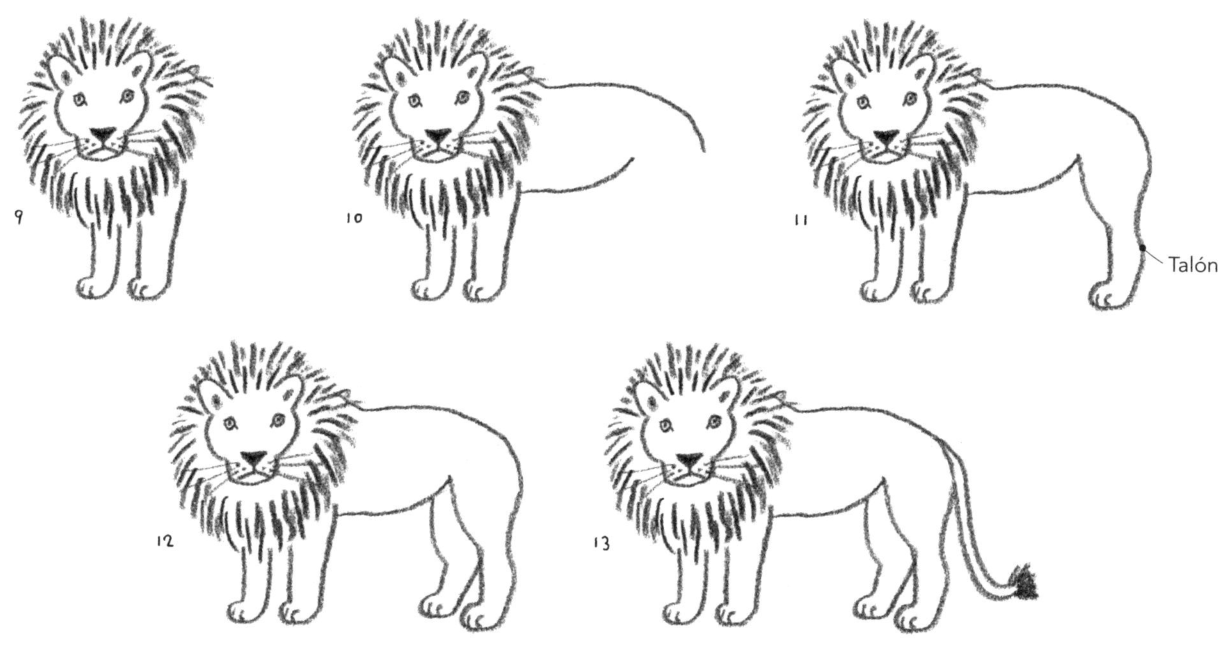
9
10
11
Talón
12
13

El tigre (familia de los felinos)

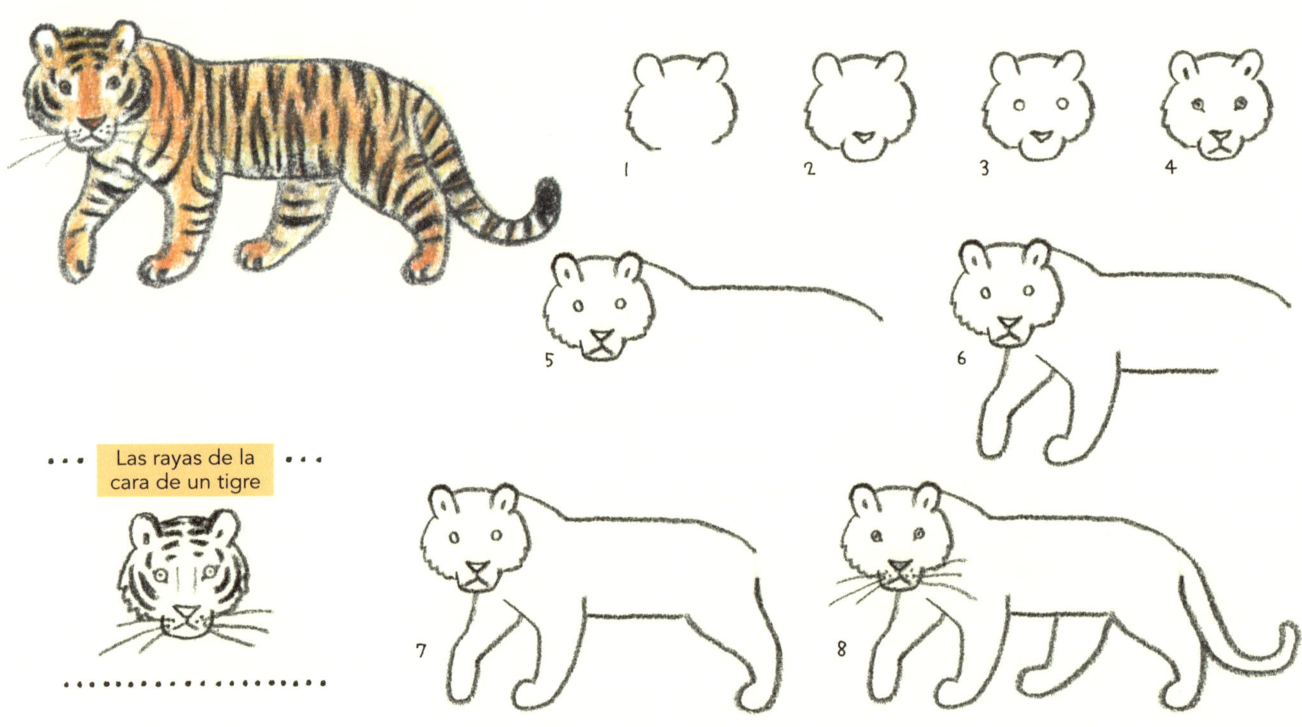

El guepardo (familia de los felinos)

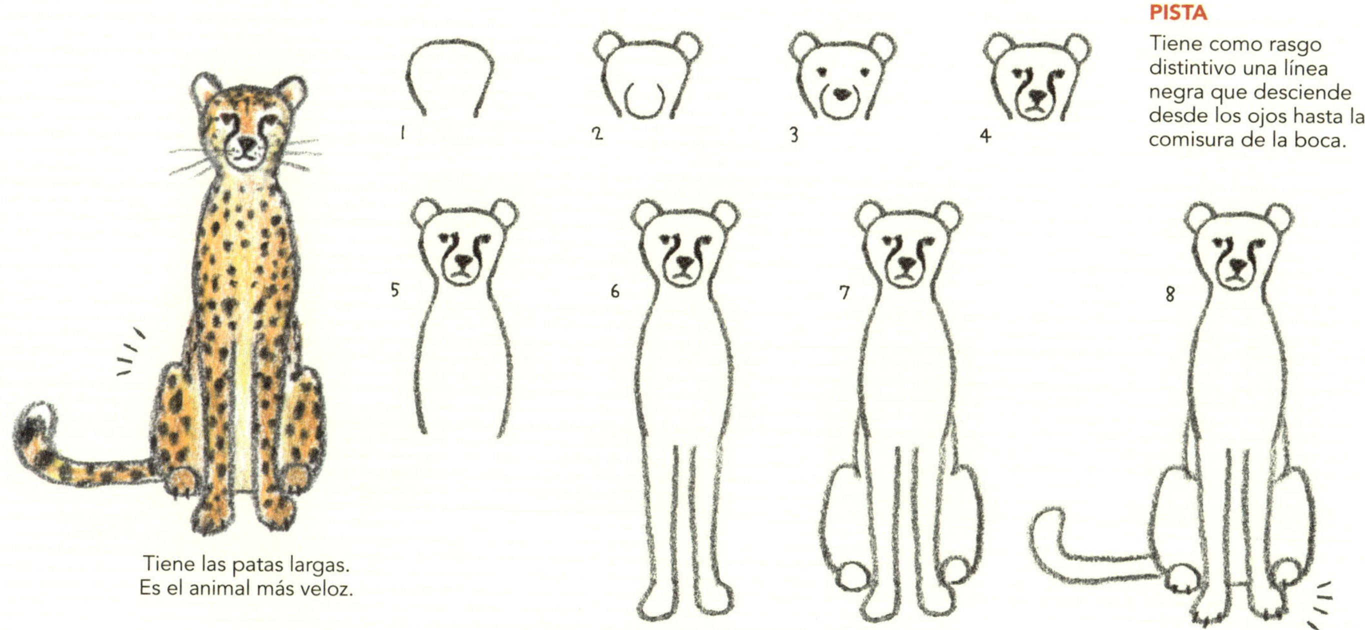

Tiene las patas largas.
Es el animal más veloz.

PISTA

Tiene como rasgo distintivo una línea negra que desciende desde los ojos hasta la comisura de la boca.

De entre los grandes felinos, el guepardo es el único que nunca esconde las garras.

Los grandes felinos

••••• Compara sus pelajes •••••

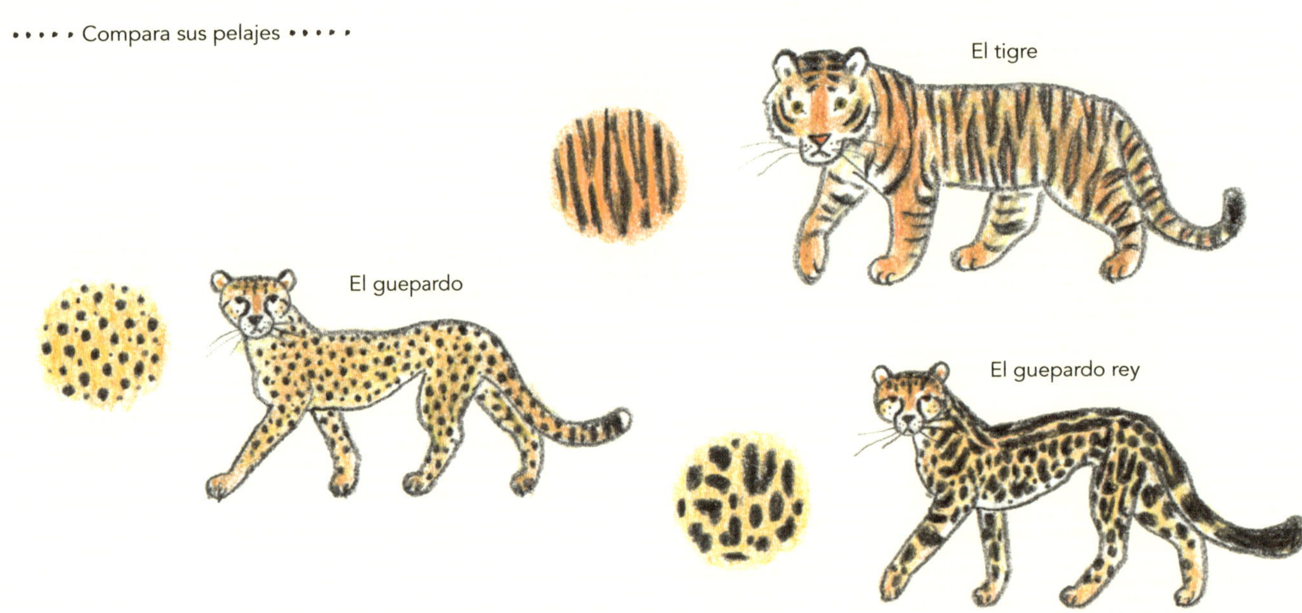

De vez en cuando nacen guepardos con un estampado más elegante. Es lo único que los diferencia de los guepardos normales.

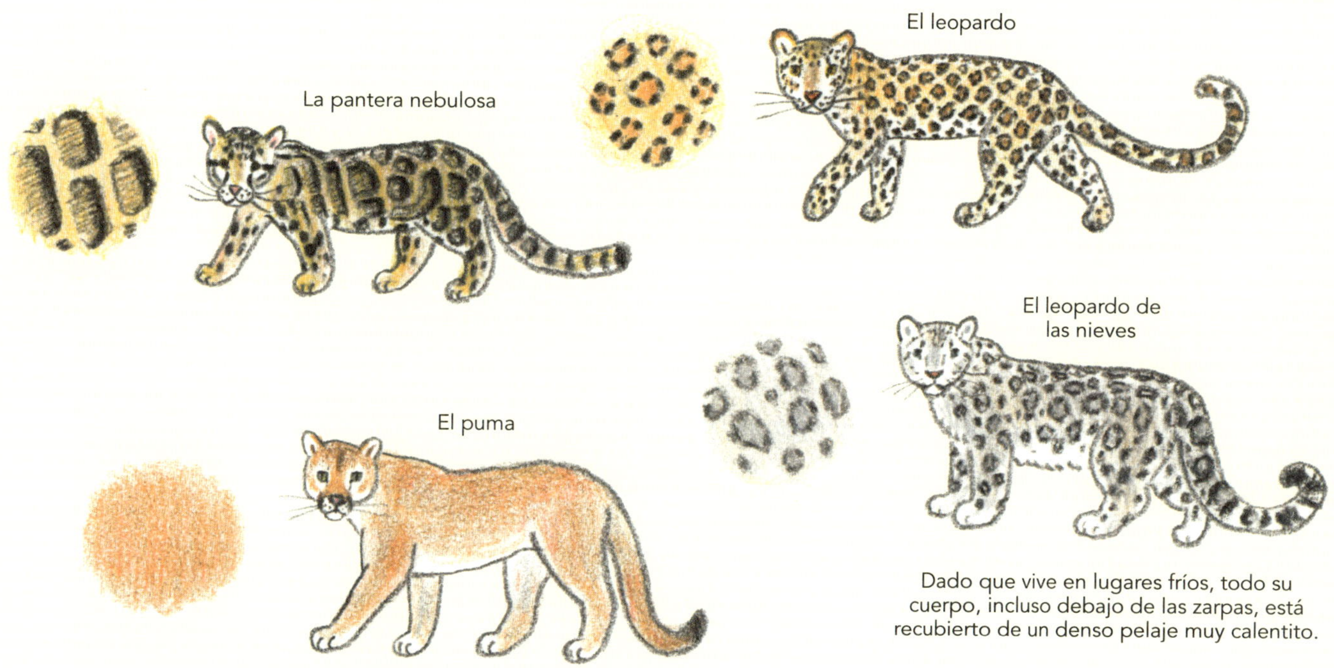

Dado que vive en lugares fríos, todo su cuerpo, incluso debajo de las zarpas, está recubierto de un denso pelaje muy calentito.

La jirafa (familia de los jiráfidos)

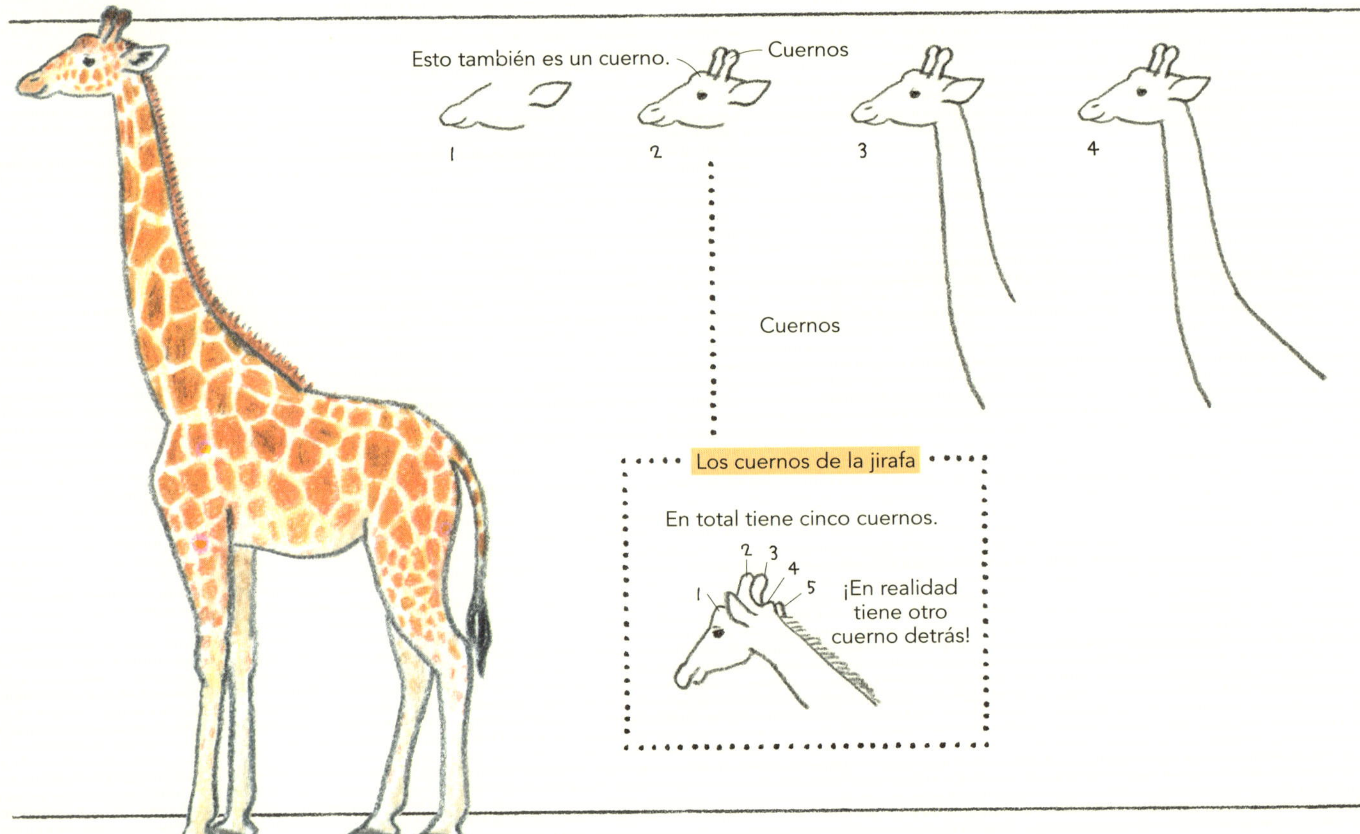

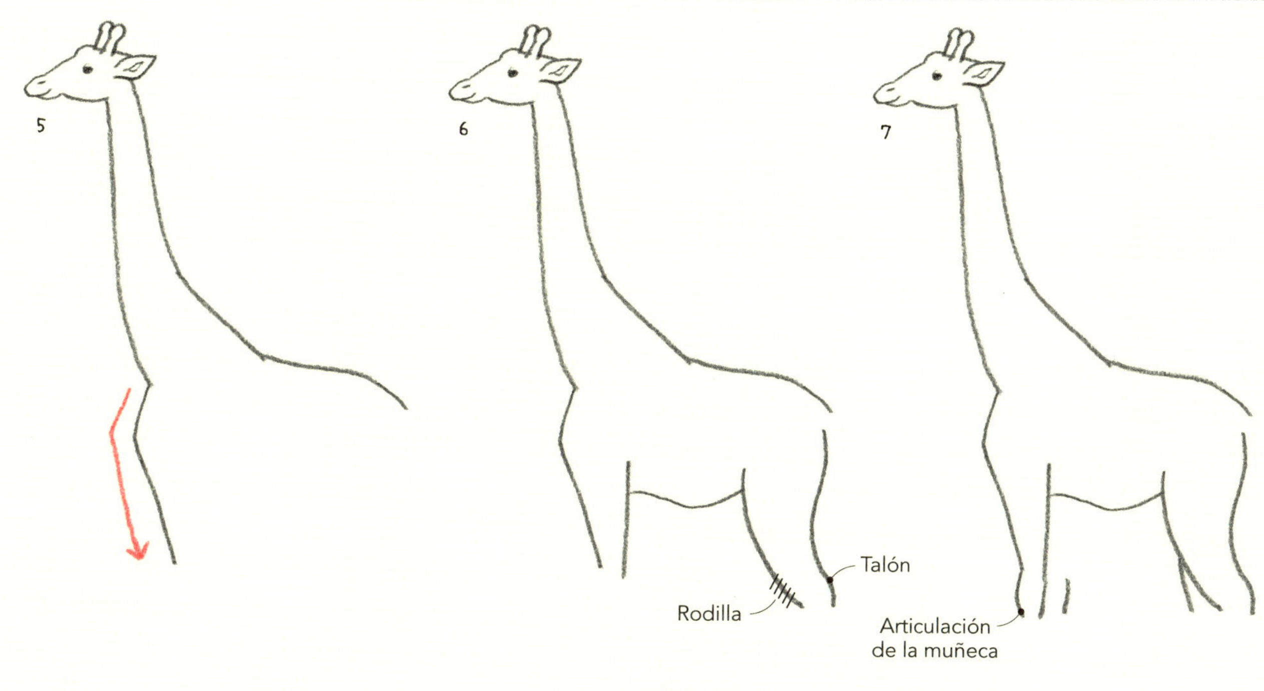

PISTA 1

Para las patas, empieza dibujando las zonas de contacto con el suelo.

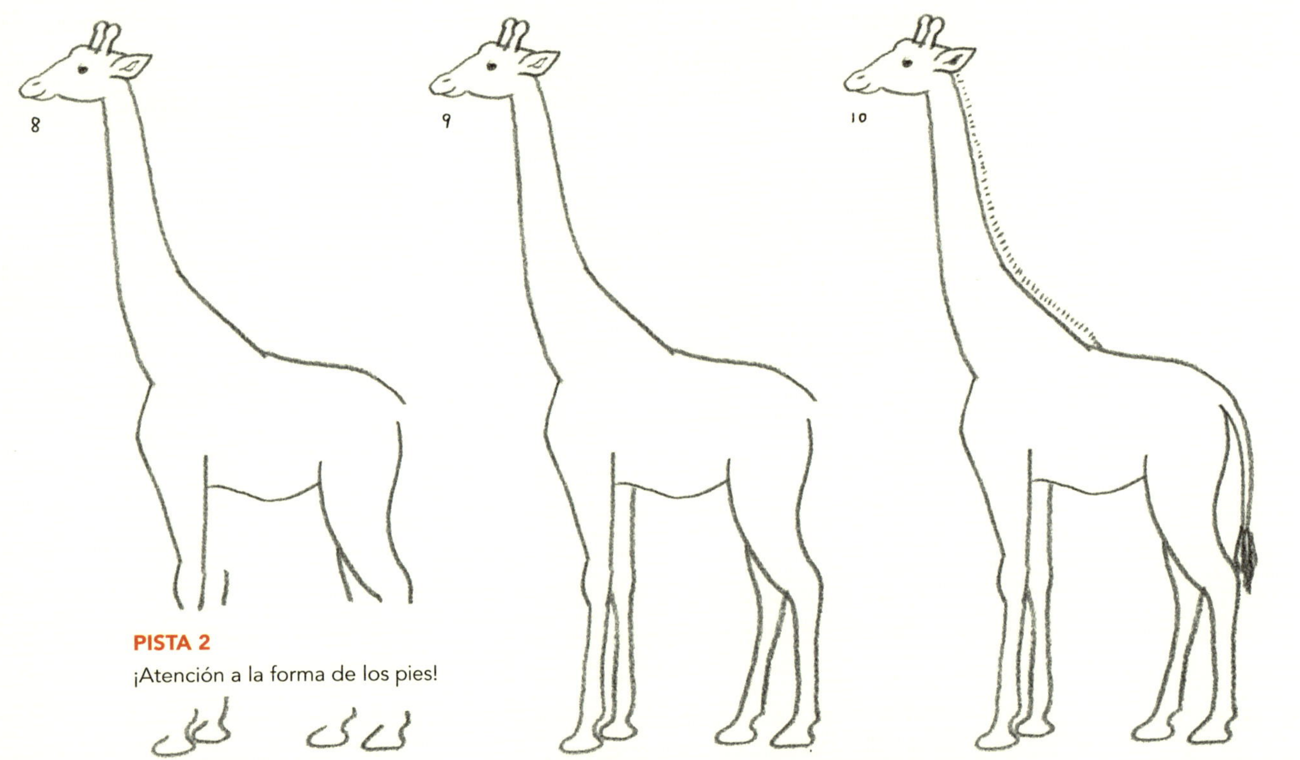

PISTA 2

¡Atención a la forma de los pies!

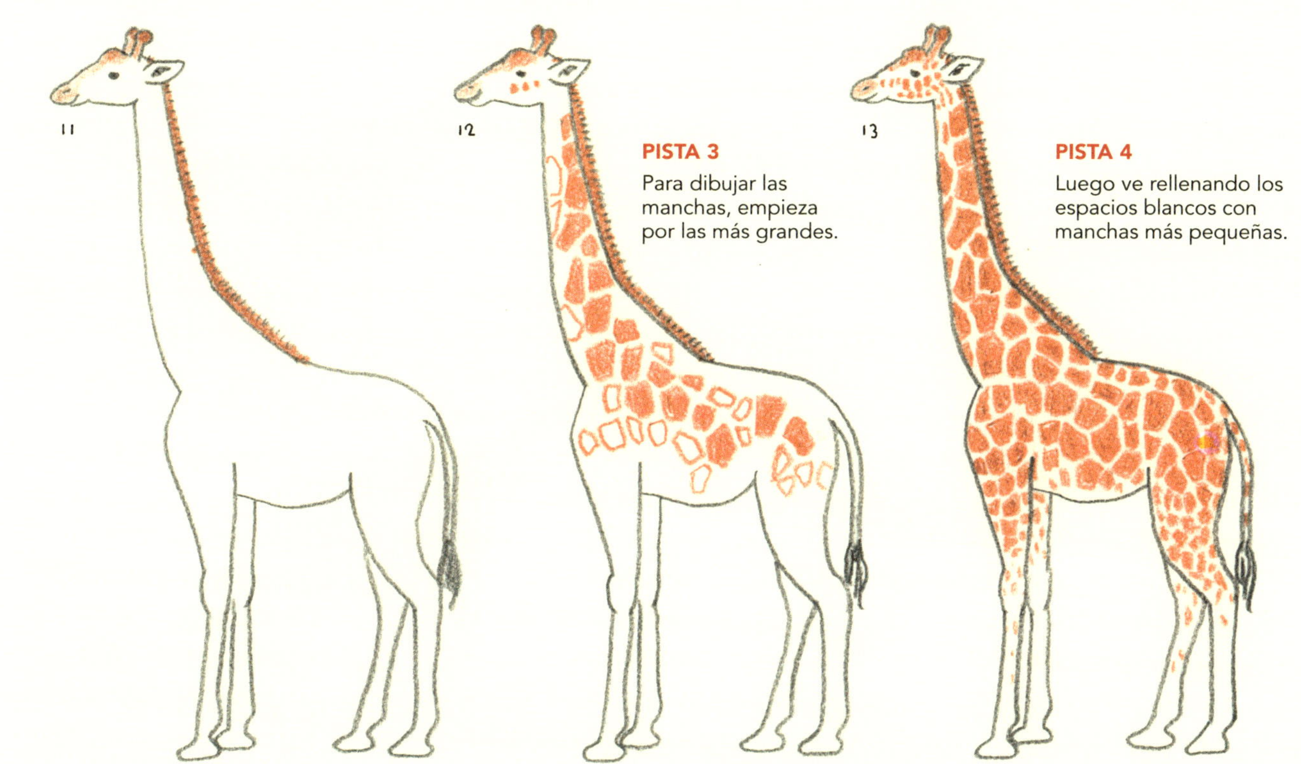

PISTA 3

Para dibujar las manchas, empieza por las más grandes.

PISTA 4

Luego ve rellenando los espacios blancos con manchas más pequeñas.

El okapi (familia de los jiráfidos)

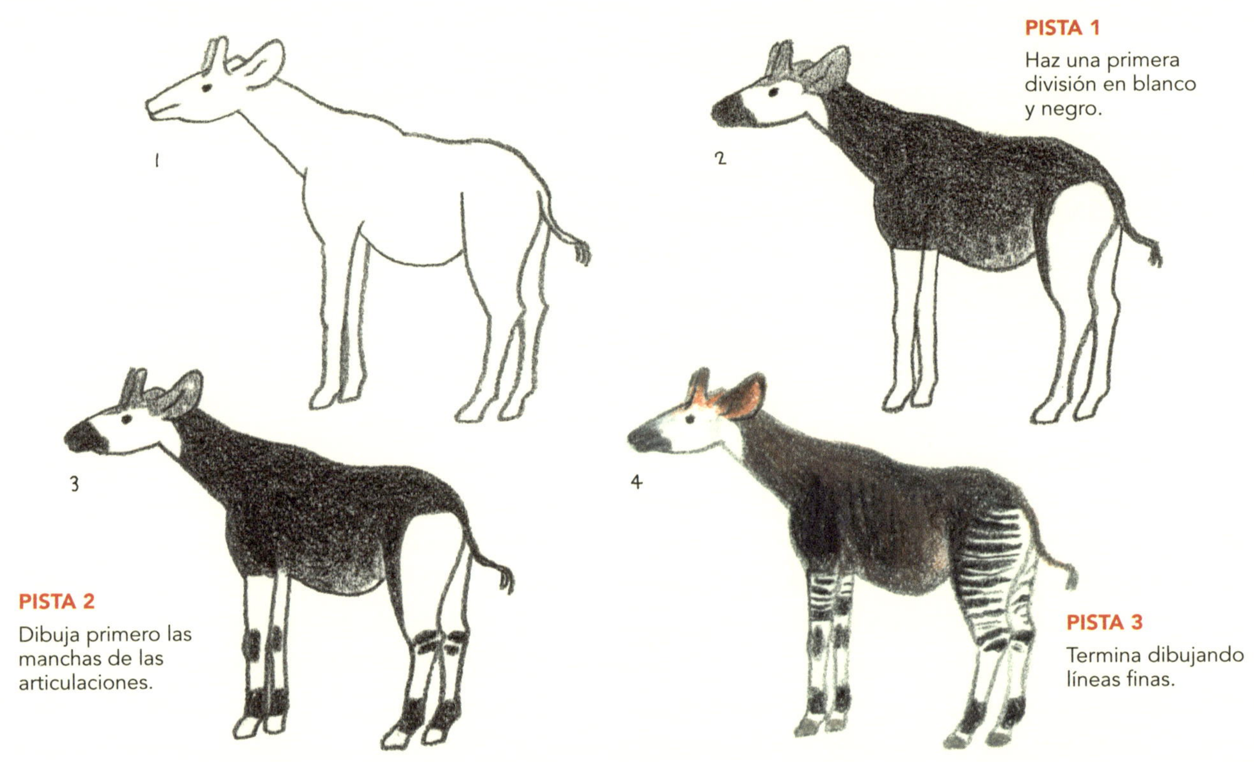

PISTA 1

Haz una primera división en blanco y negro.

PISTA 2

Dibuja primero las manchas de las articulaciones.

PISTA 3

Termina dibujando líneas finas.

La cebra (familia de los équidos)

PISTA 1

Marca primero los puntos en los que las rayas cambiarán de dirección.

PISTA 2

Dibuja las rayas verticales.

PISTA 3

Dibuja las rayas horizontales.

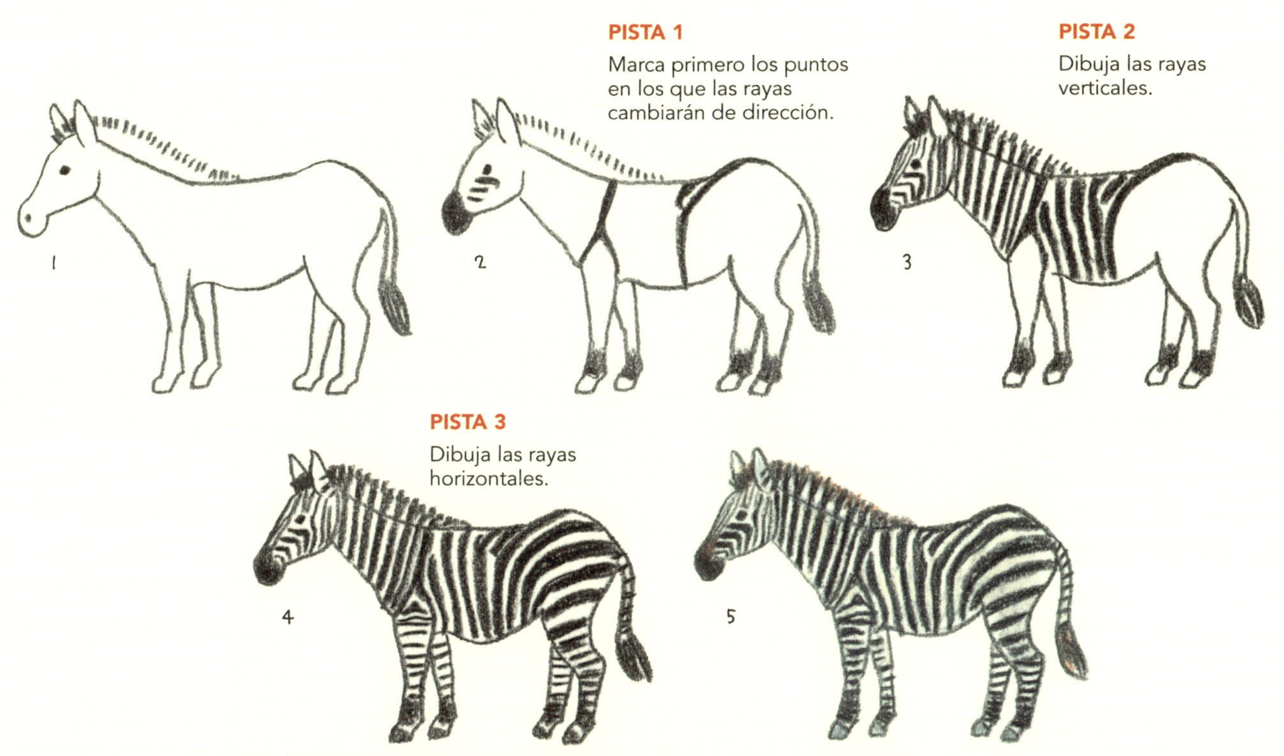

El hipopótamo (familia de los hipopotámidos)

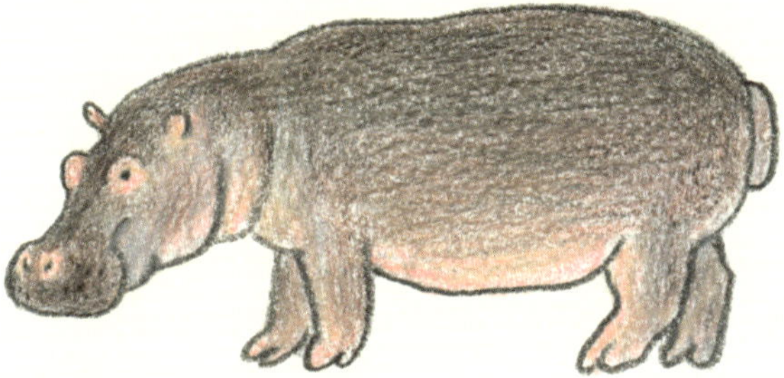

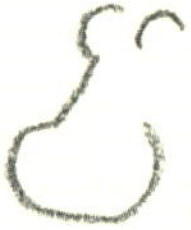

1 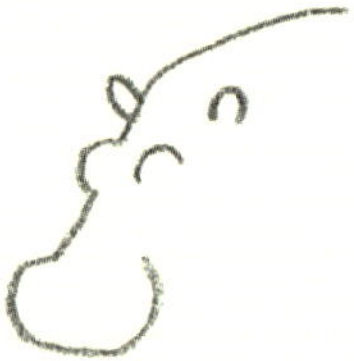 2 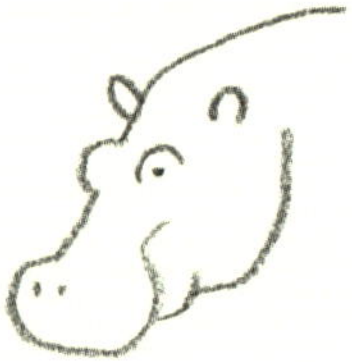 3

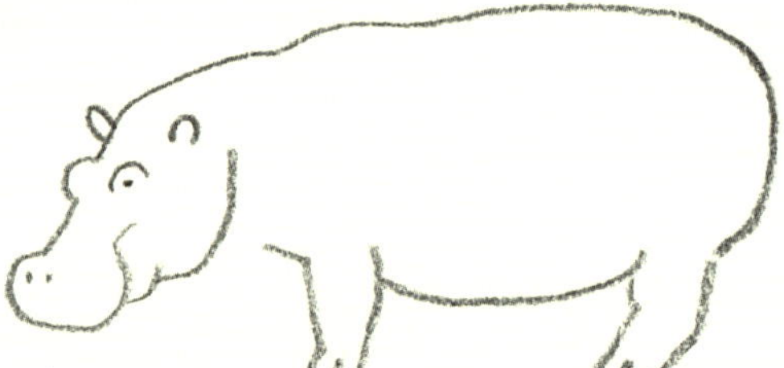

6 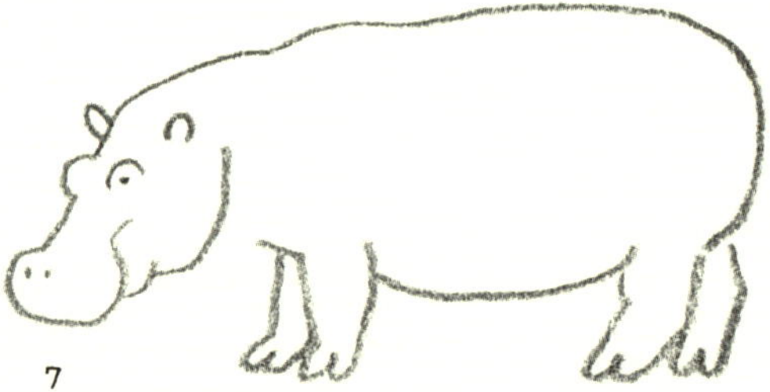 7

Las orejas, los ojos y la nariz emergen del agua formando una línea casi recta.

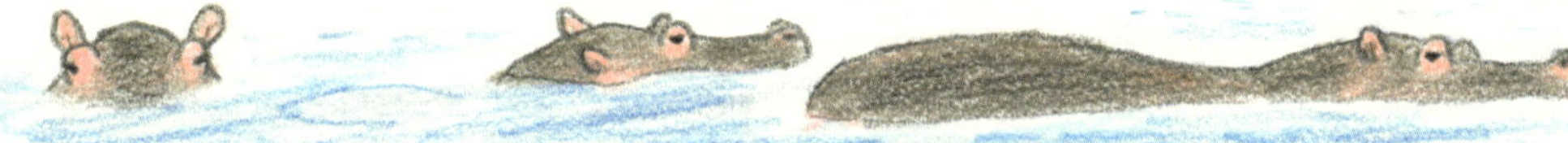

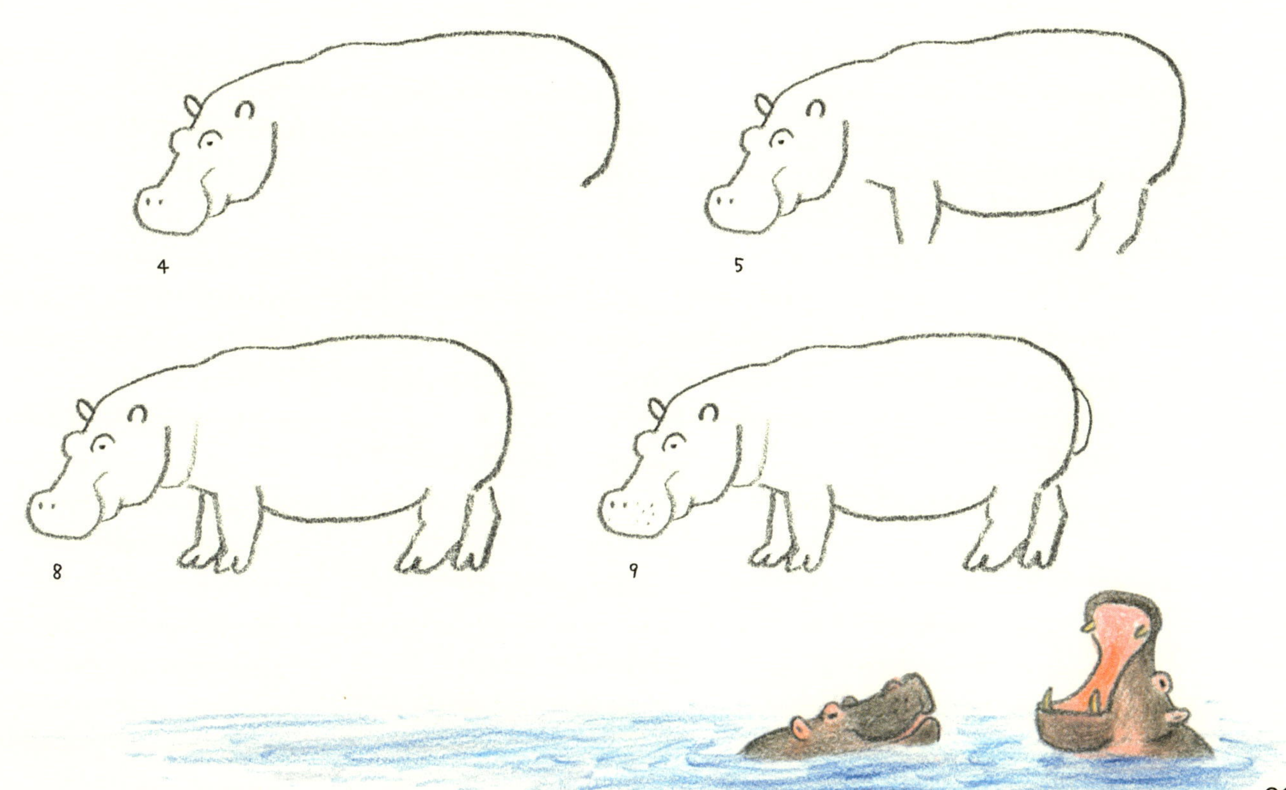
4
5
8
9

El rinoceronte (familia de los rinocerónticos)

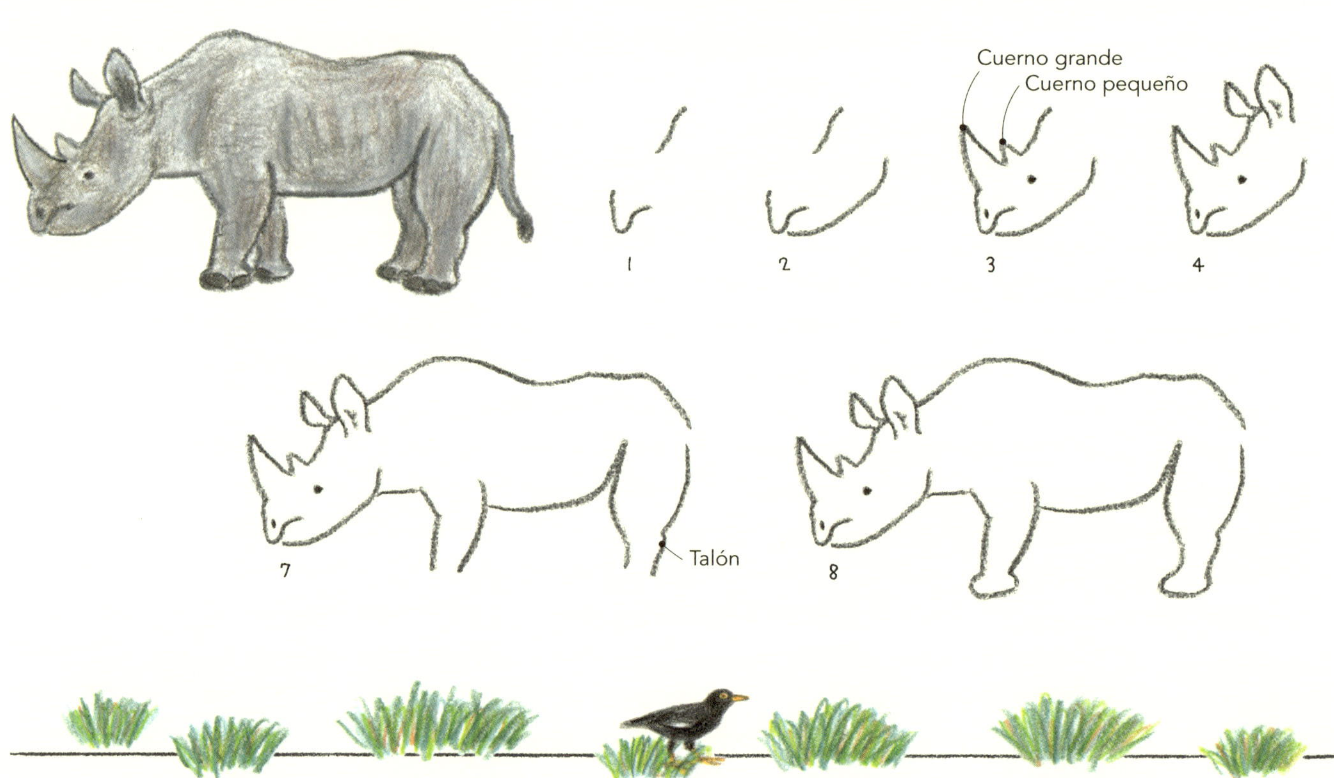

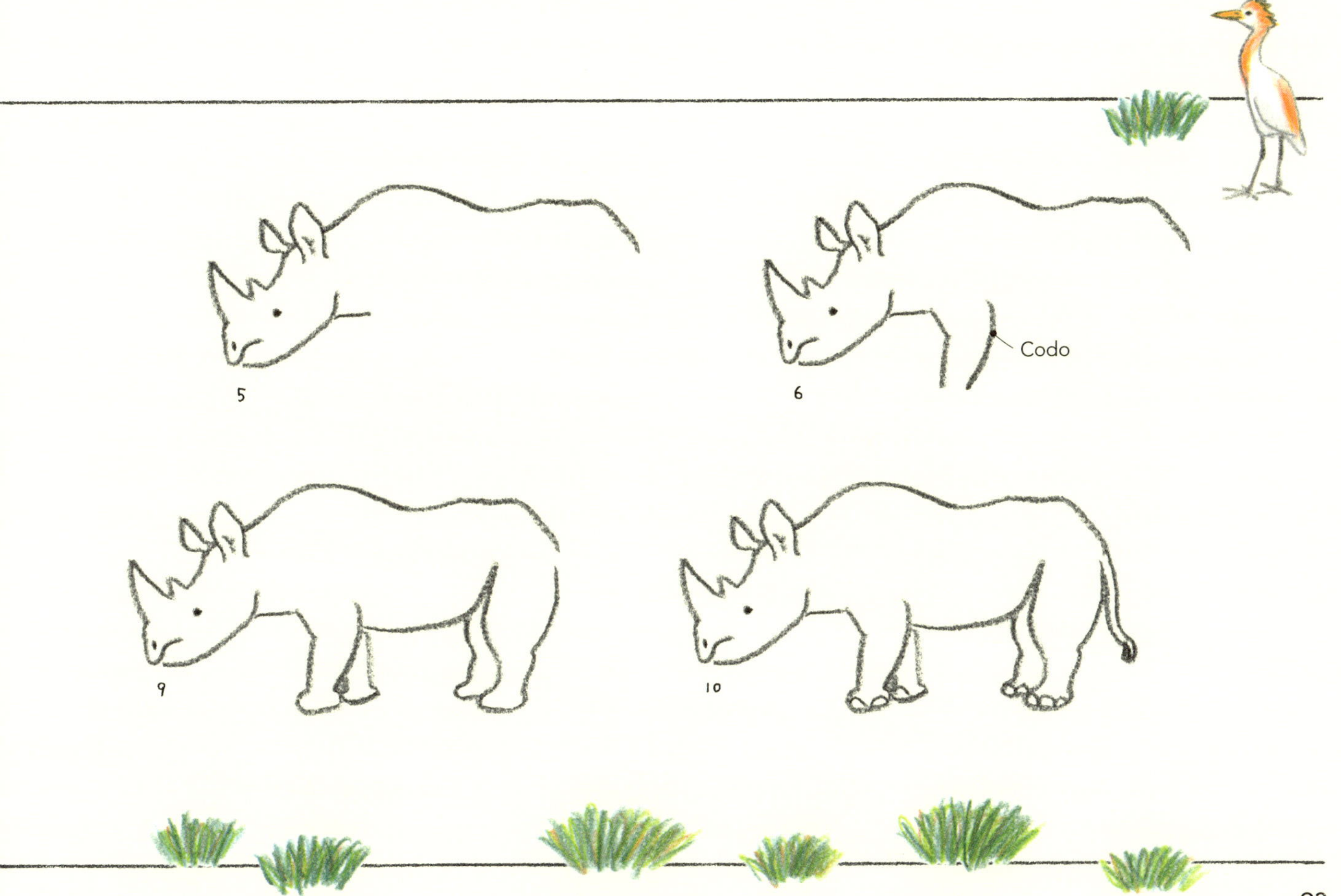
Codo
5
6
9
10

El elefante africano (familia de los elefántidos)

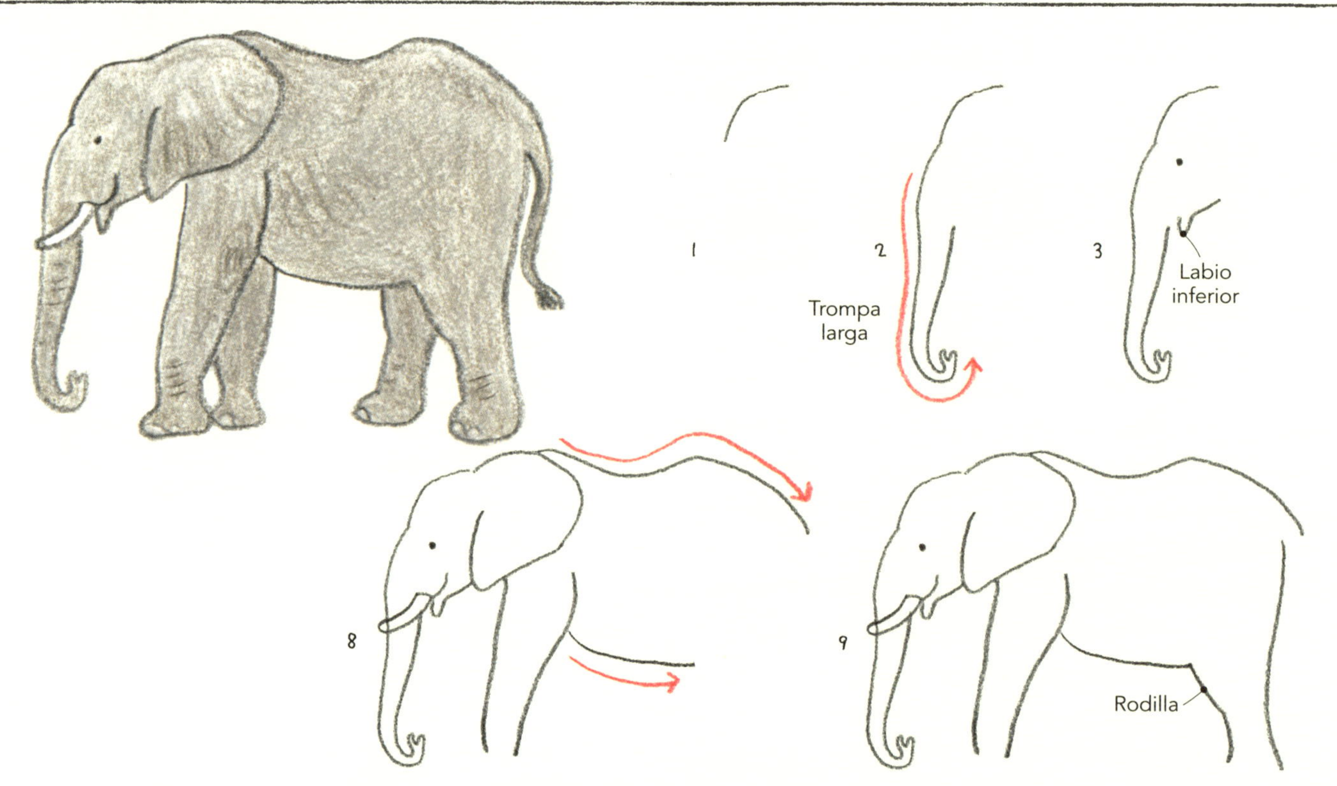

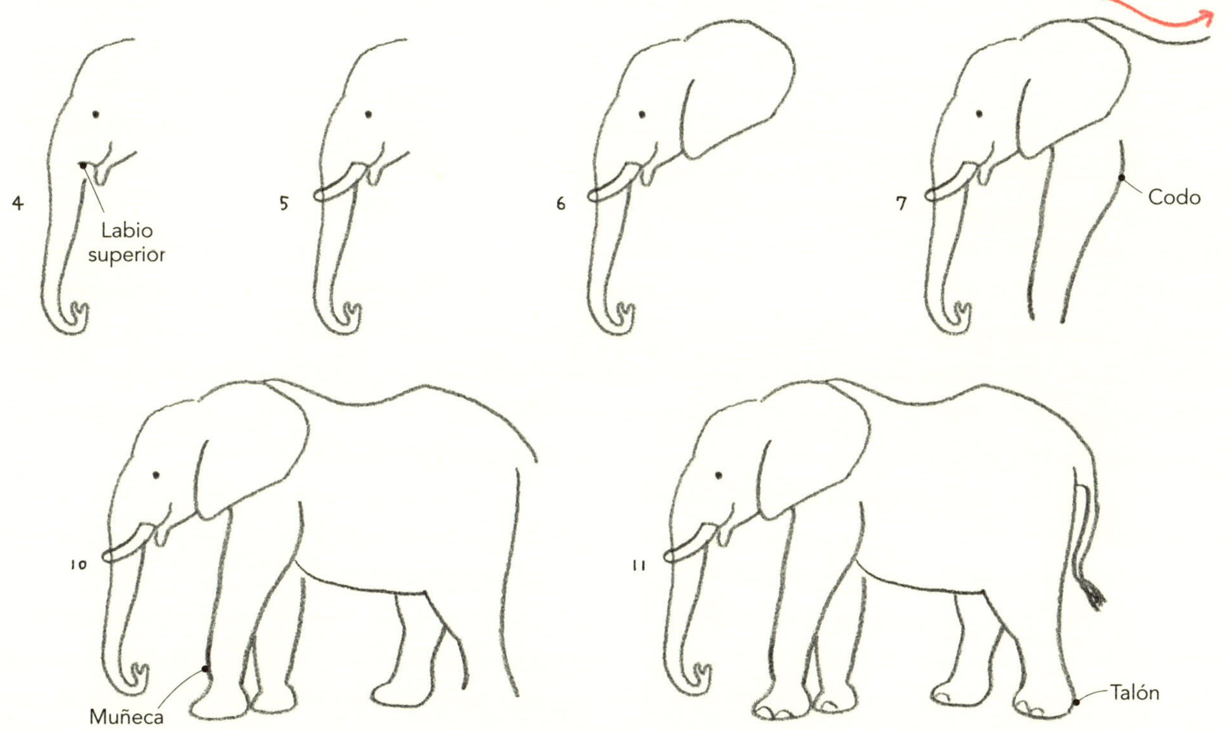
4
Labio
superior
5
6
7
Codo
10
Muñeca
11
Talón

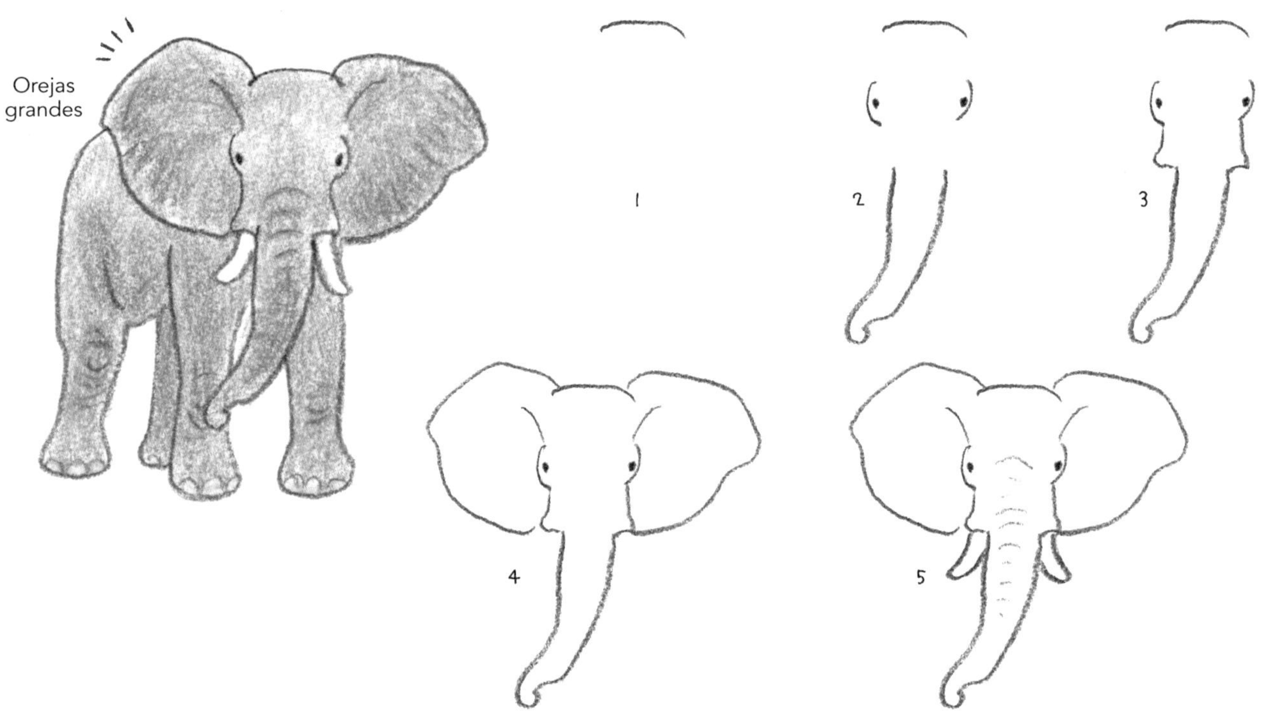
Orejas
grandes
1
2
3
4
5

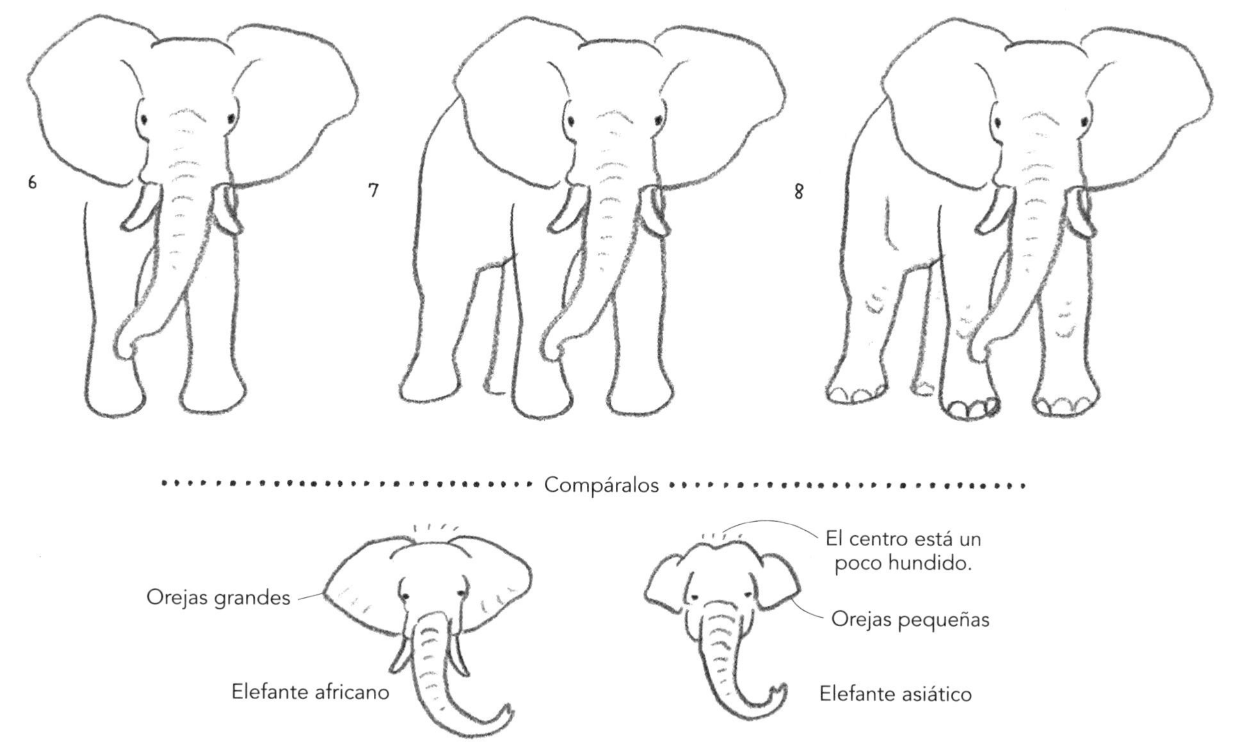
6
7
8
Compáralos
El centro está un poco hundido.
Orejas grandes
Orejas pequeñas
Elefante africano
Elefante asiático

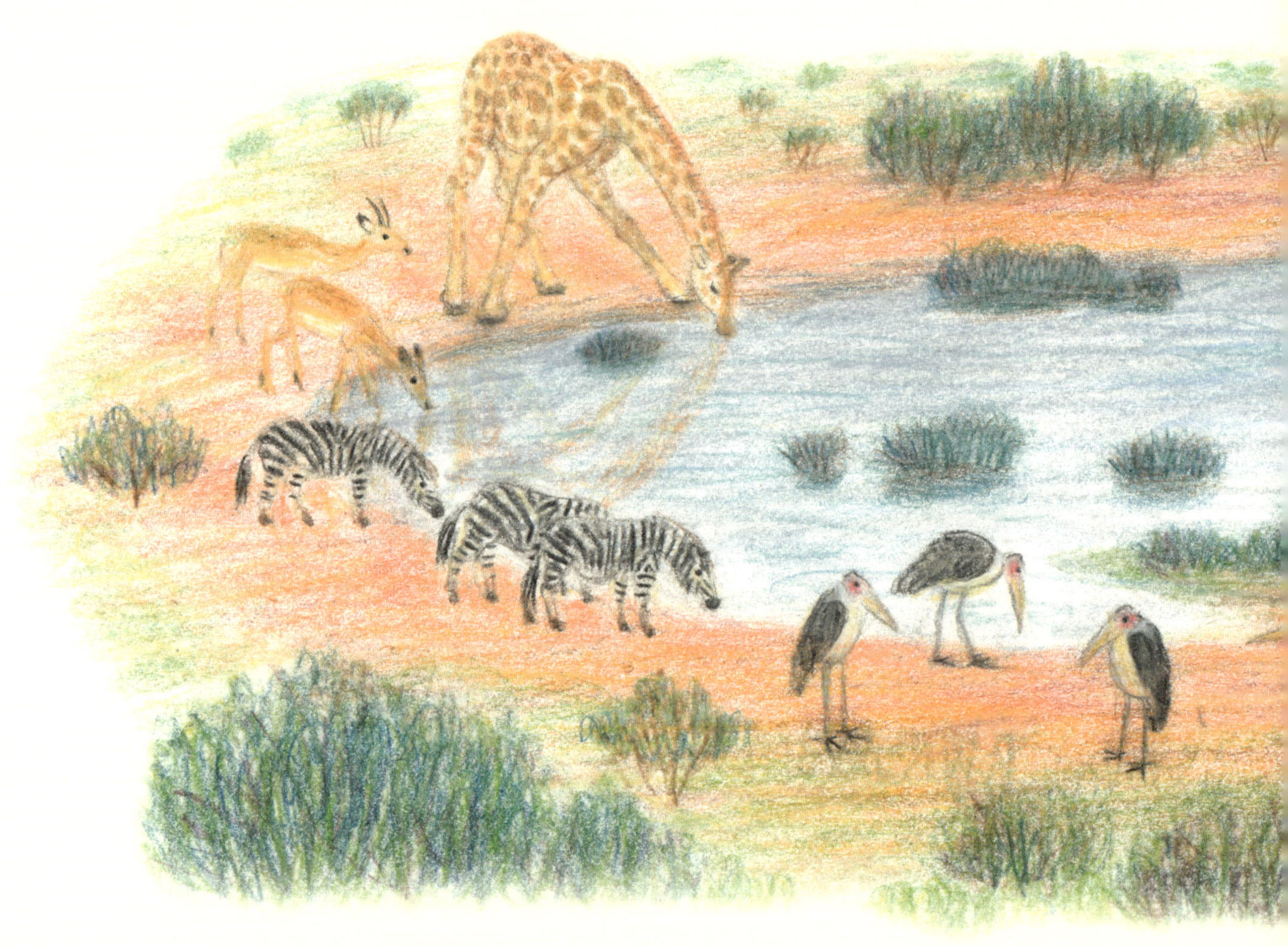

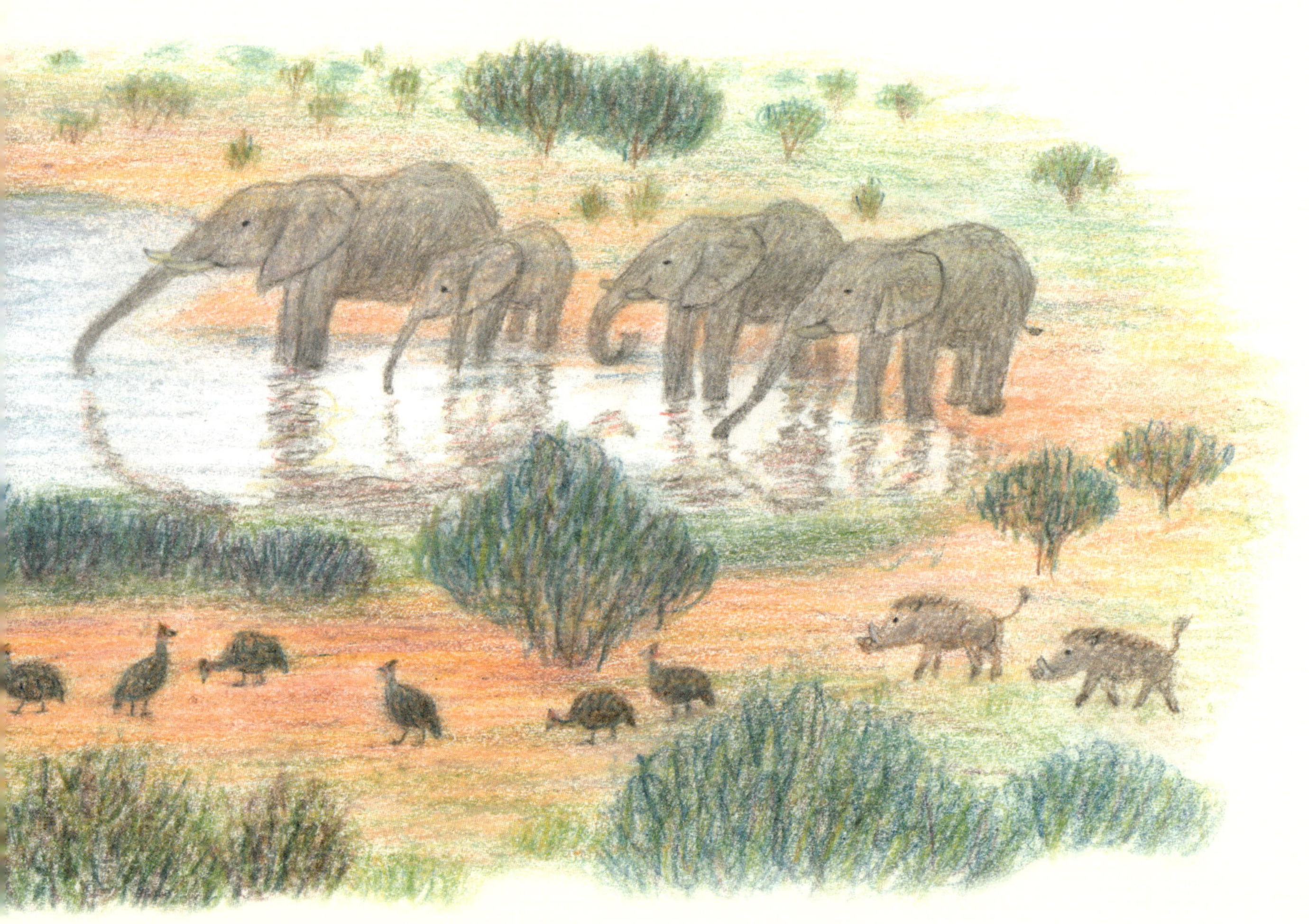

El macaco japonés (familia de los primates)

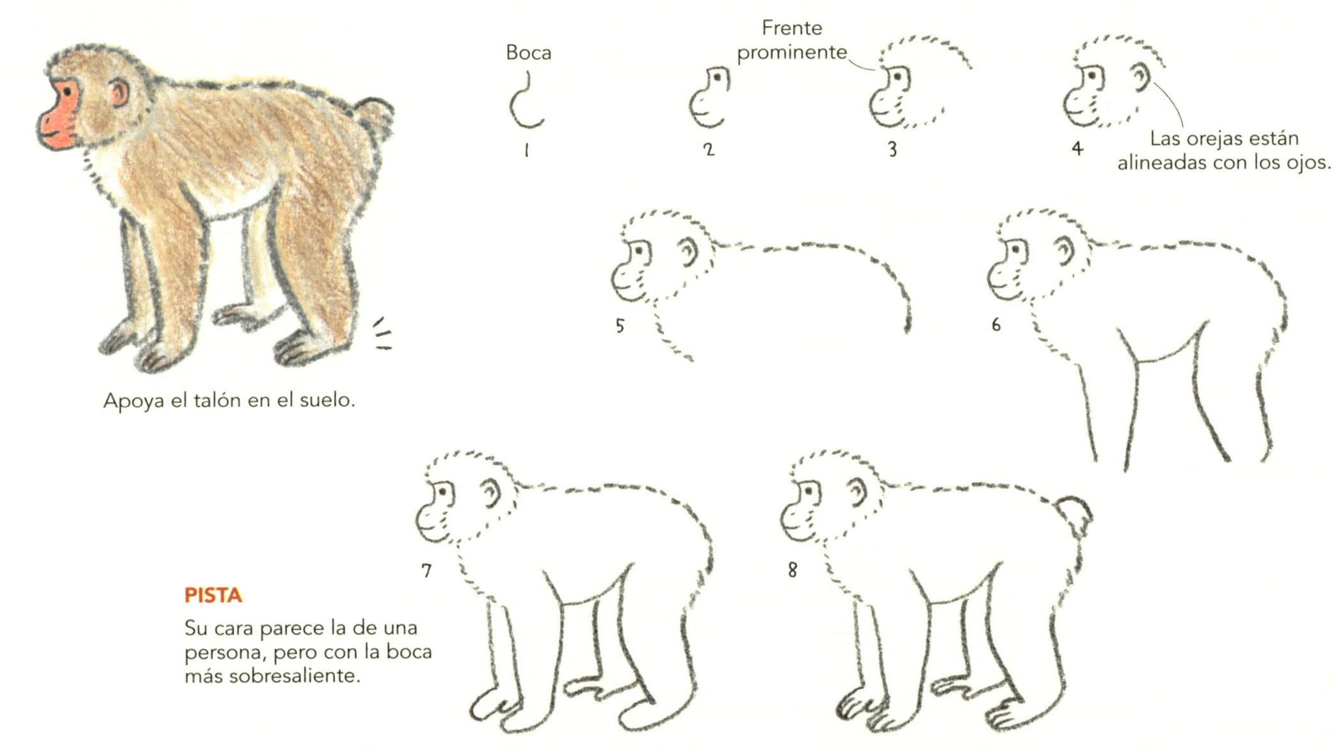

Apoya el talón en el suelo.

PISTA

Su cara parece la de una persona, pero con la boca más sobresaliente.

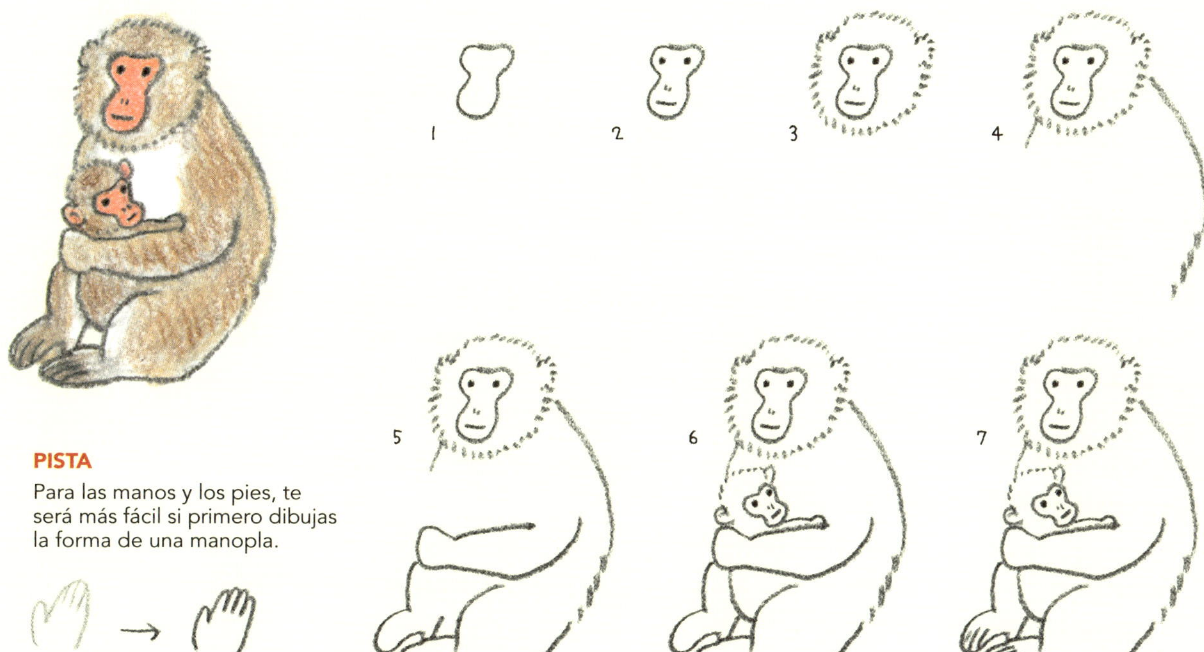

PISTA

Para las manos y los pies, te será más fácil si primero dibujas la forma de una manopla.

El lémur de cola anillada (familia de los primates)

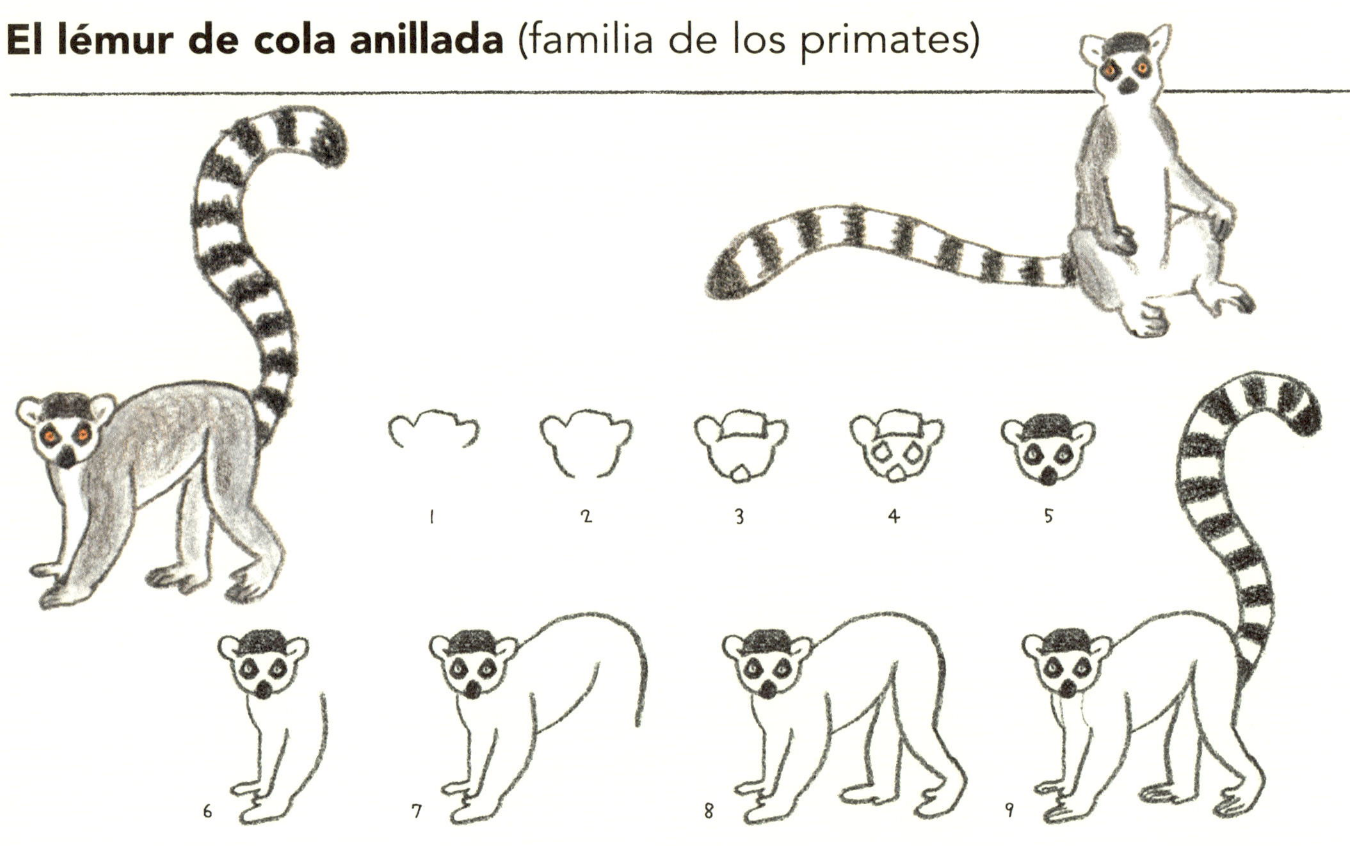

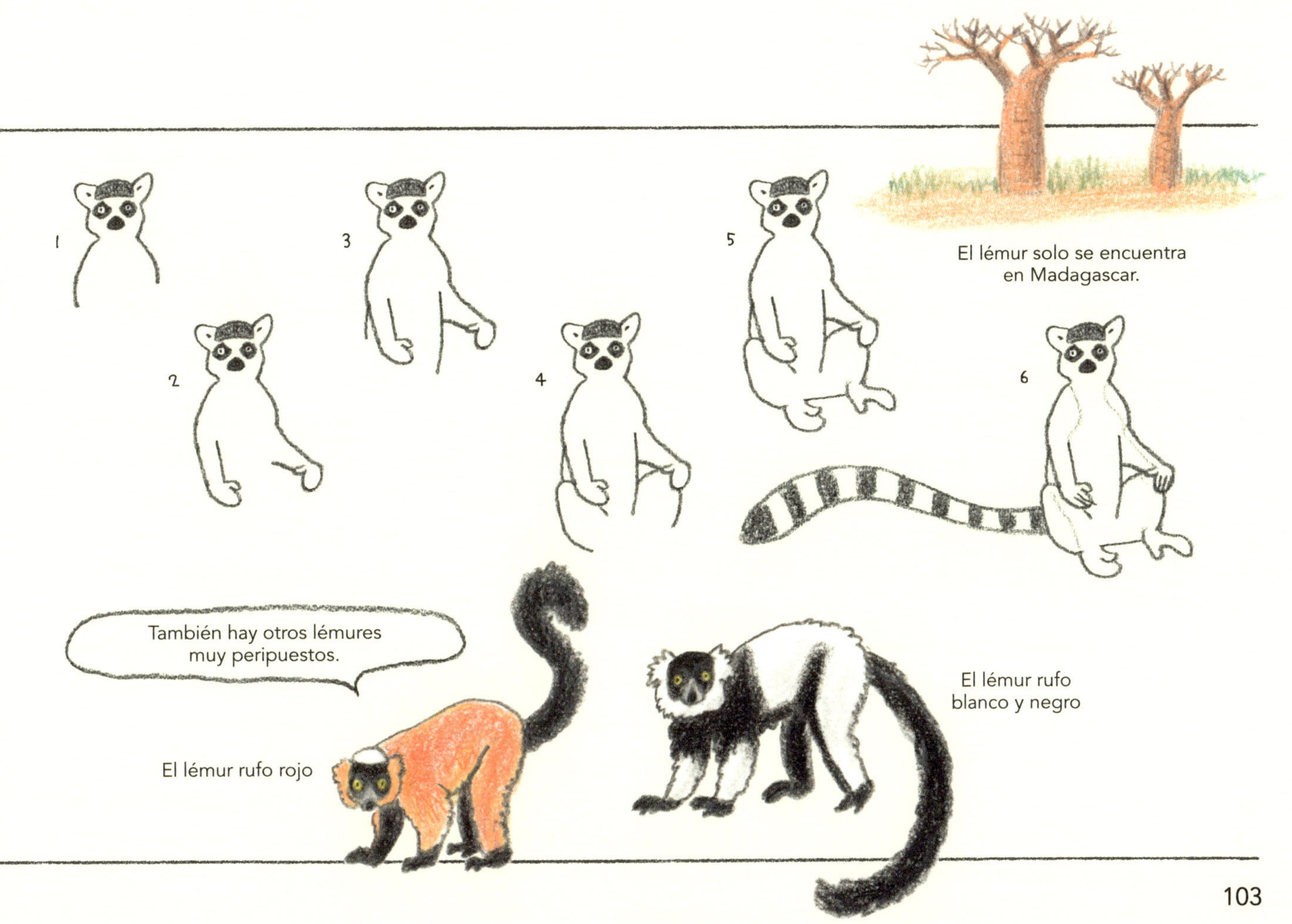
1
2
3
4
5
6
El lémur solo se encuentra en Madagascar.
También hay otros lémures muy peripuestos.
El lémur rufo rojo
El lémur rufo blanco y negro

Algunos primates

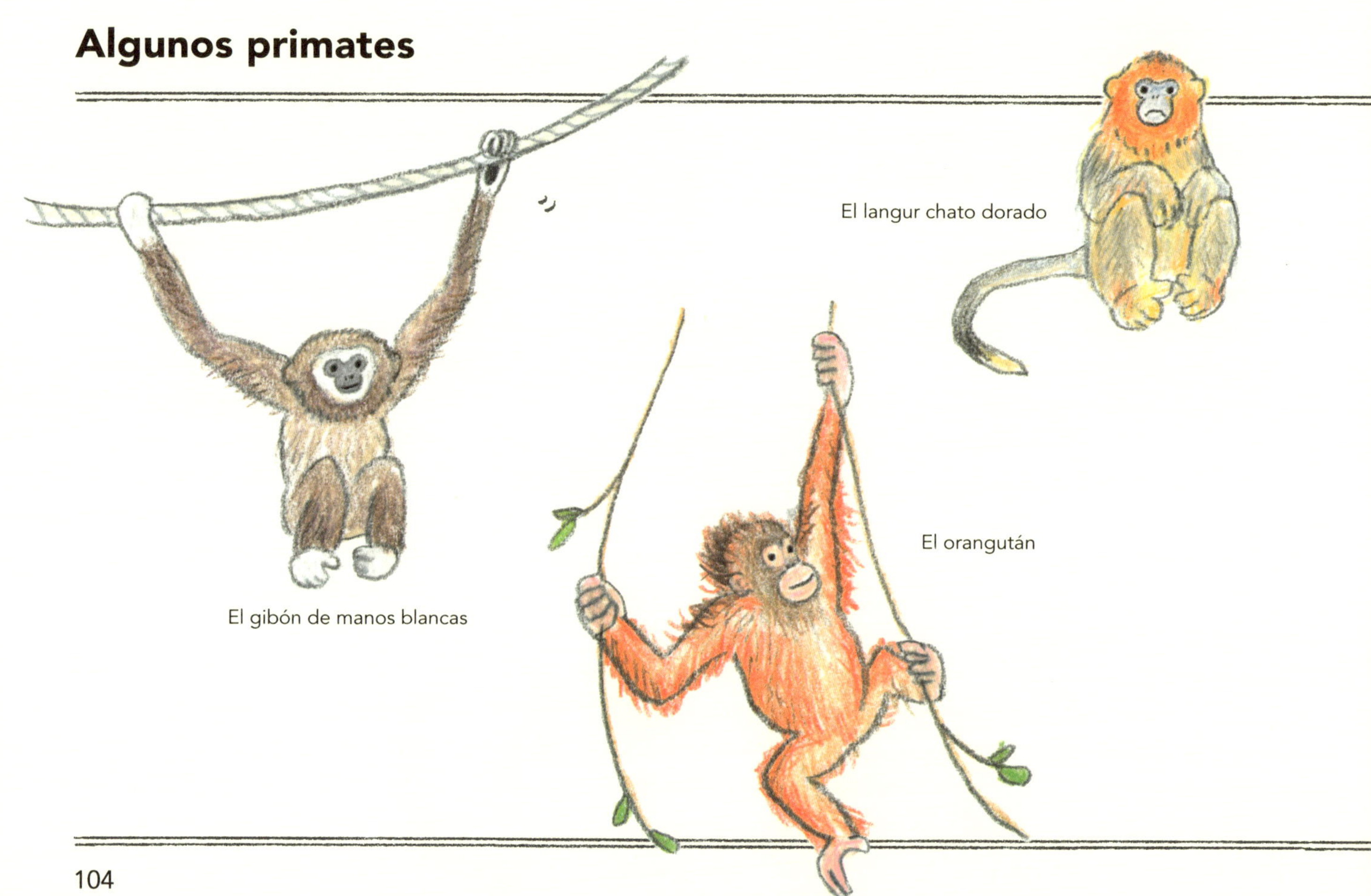

El langur chato dorado

El orangután

El gibón de manos blancas

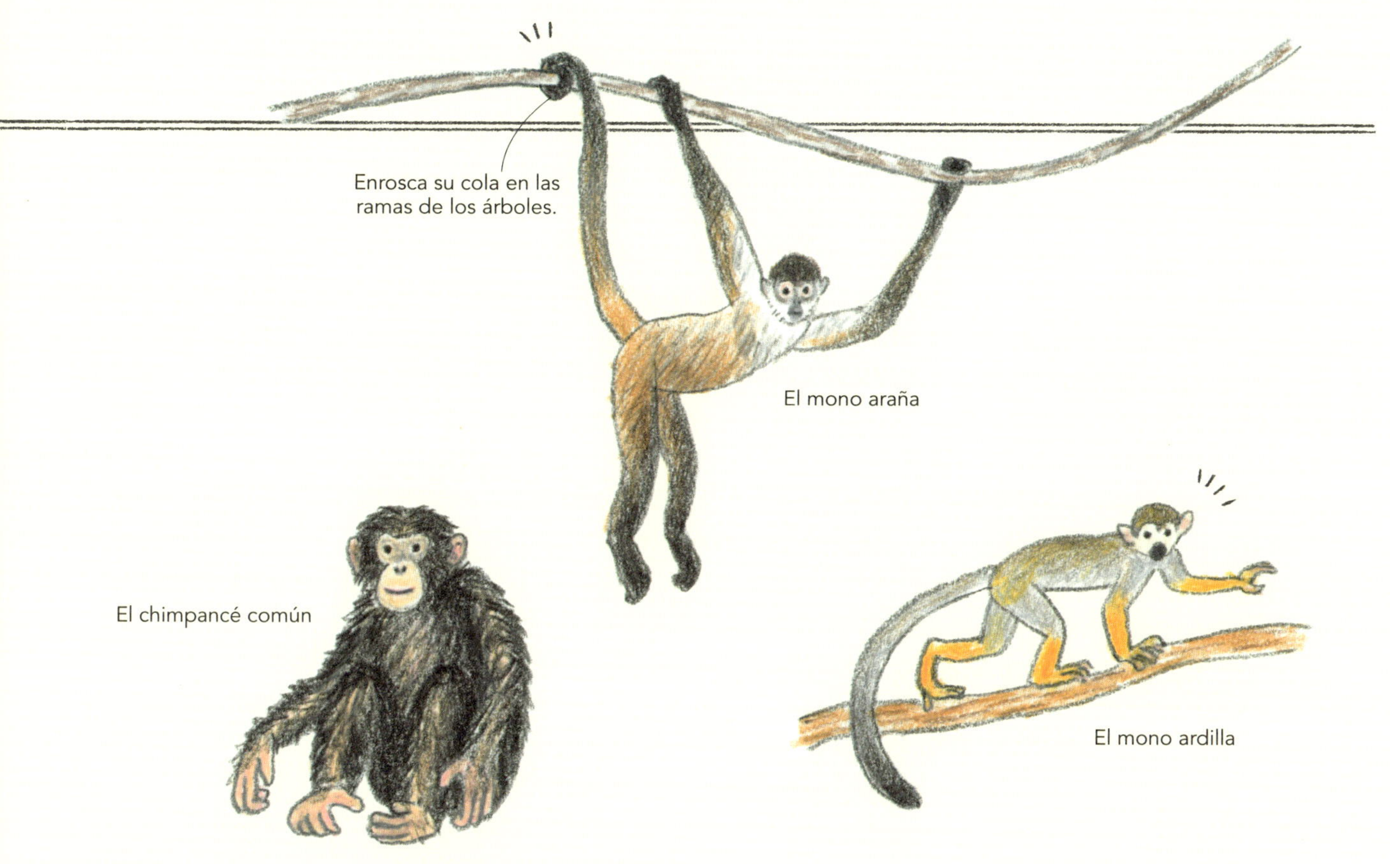
Enrosca su cola en las
ramas de los árboles.
El mono araña
El chimpancé común
El mono ardilla

El canguro (familia de los marsupiales)

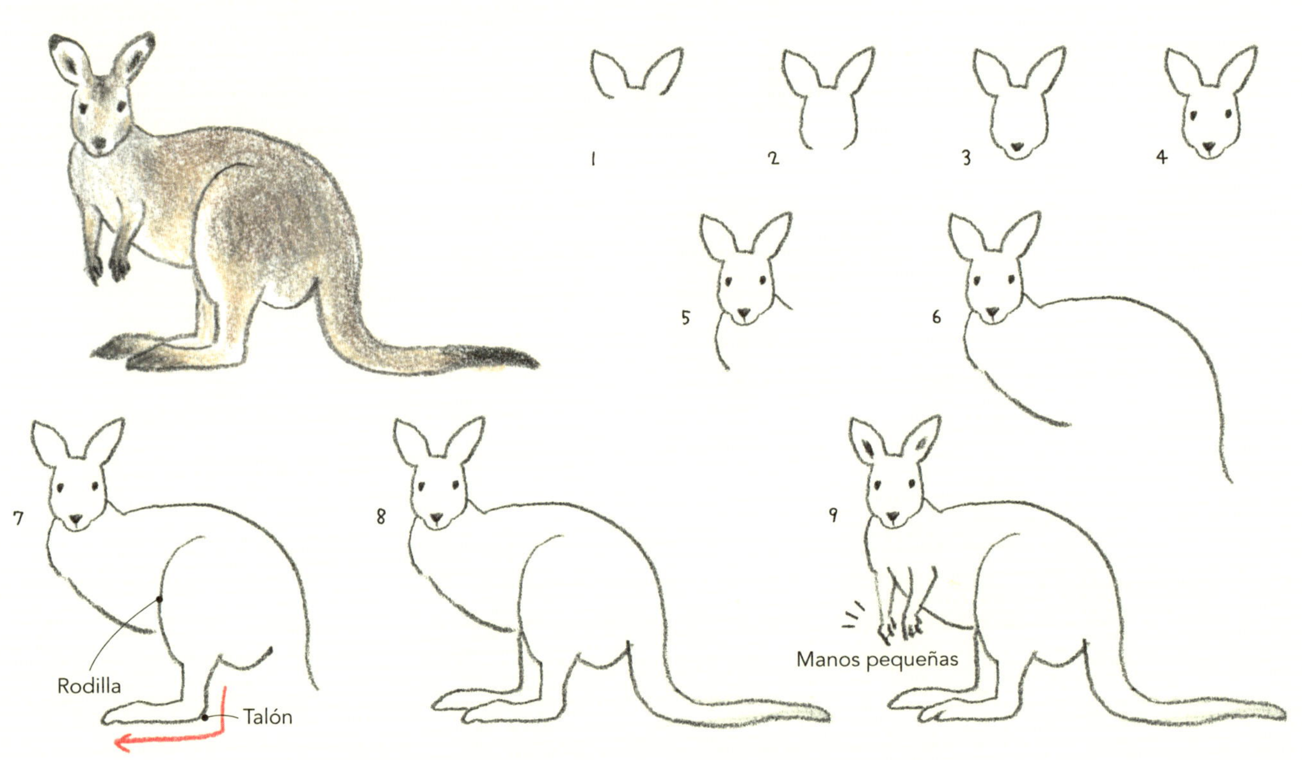

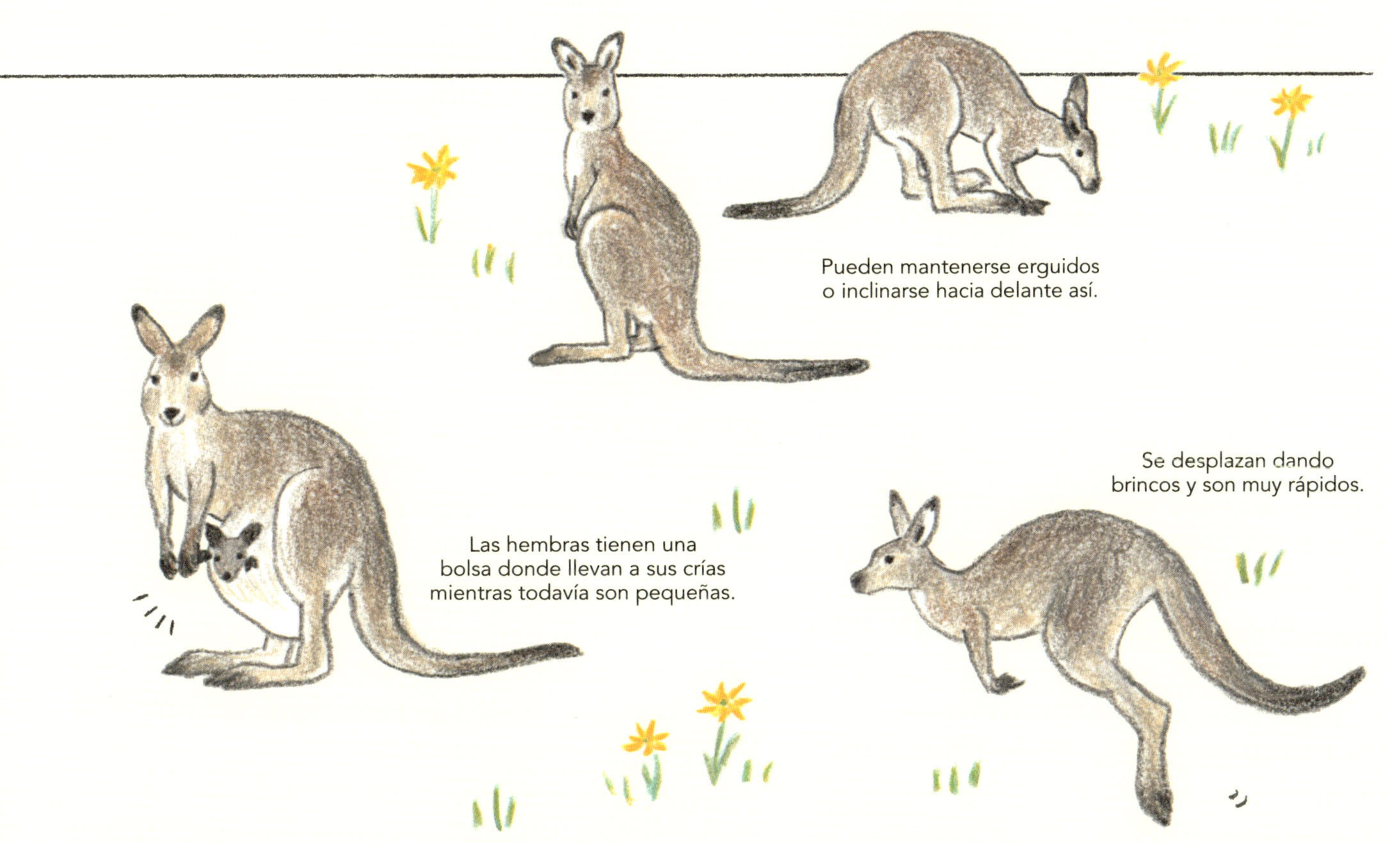
Pueden mantenerse erguidos
o inclinarse hacia delante así.
Las hembras tienen una
bolsa donde llevan a sus crías
mientras todavía son pequeñas.
Se desplazan dando
brincos y son muy rápidos.

El koala (familia de los marsupiales)

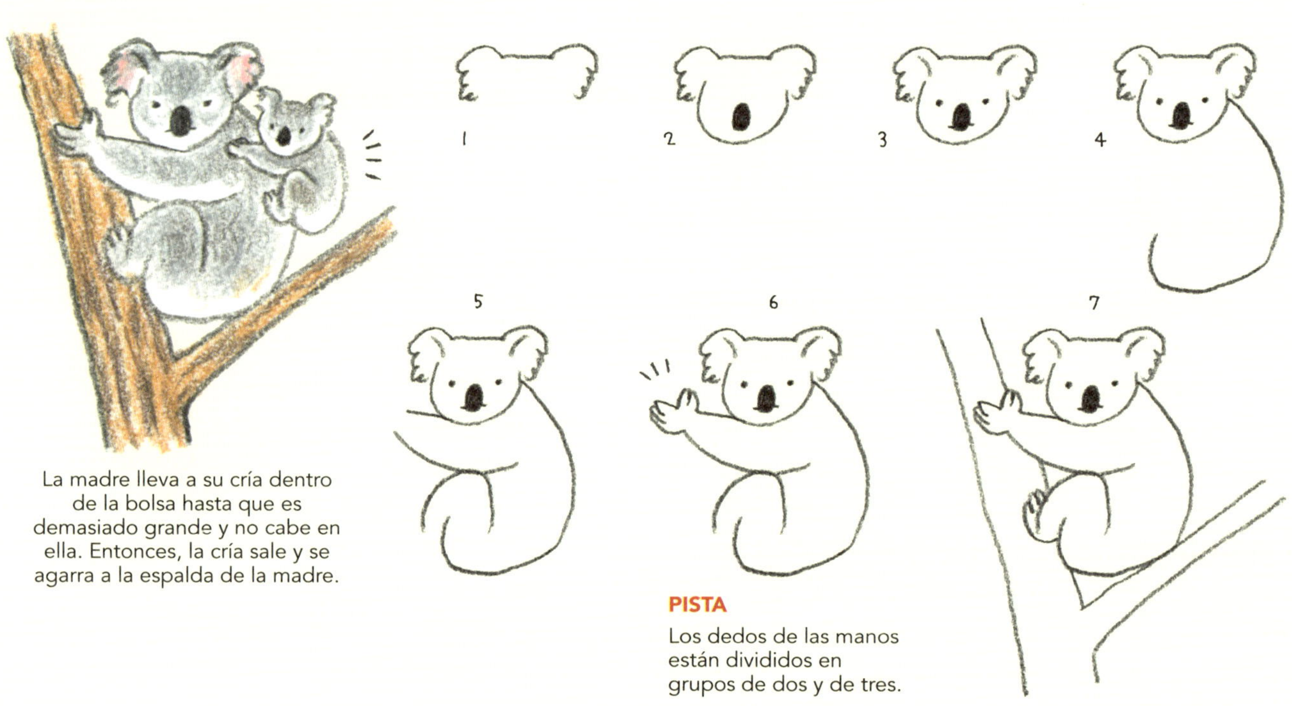

La madre lleva a su cría dentro de la bolsa hasta que es demasiado grande y no cabe en ella. Entonces, la cría sale y se agarra a la espalda de la madre.

PISTA

Los dedos de las manos están divididos en grupos de dos y de tres.

El ornitorrinco (mamíferos que ponen huevos)

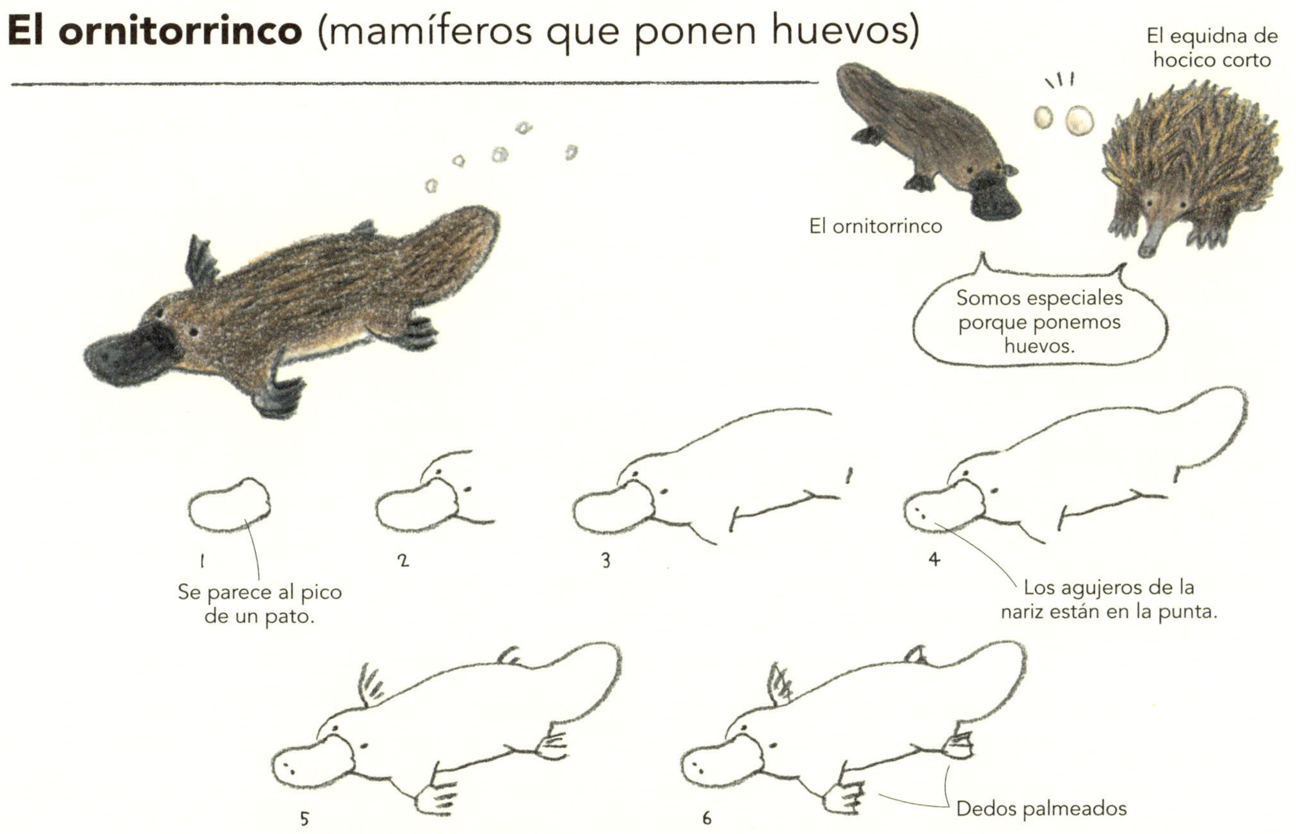

El perezoso (familia de los folívoros)

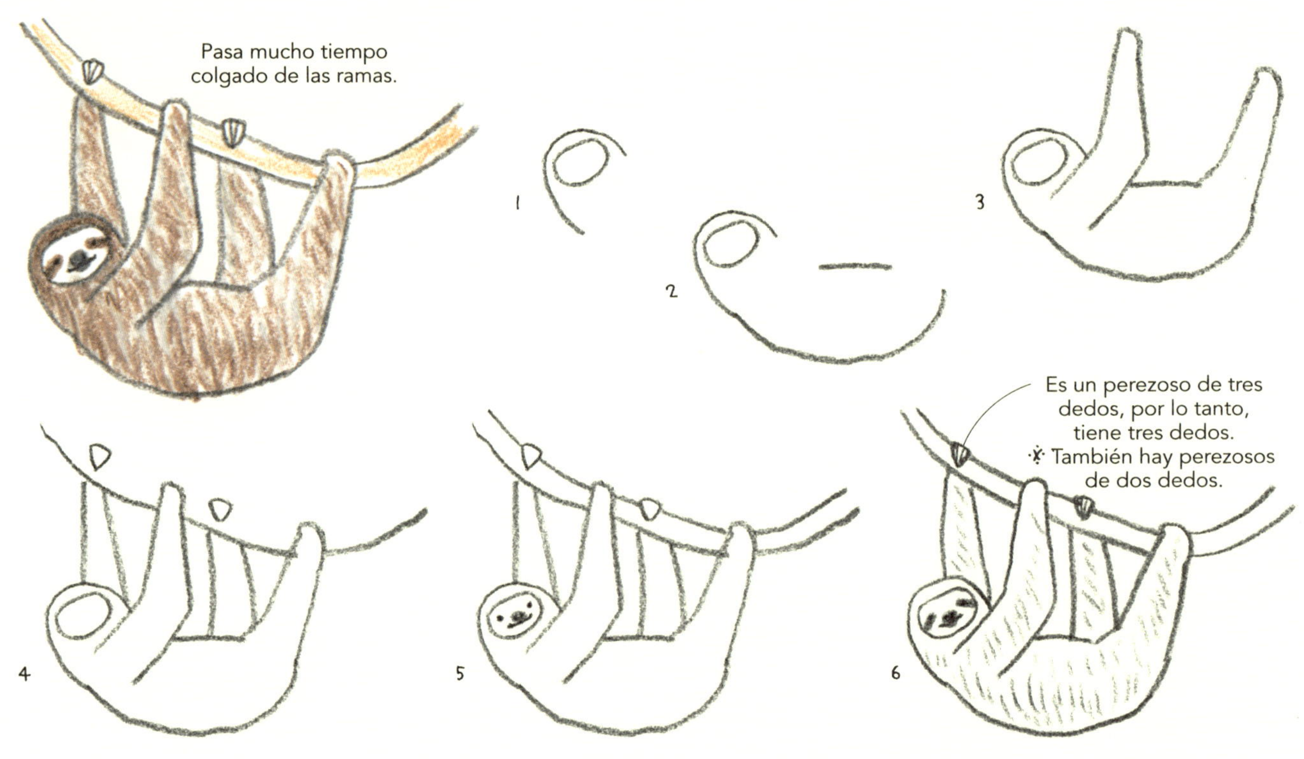

El murciélago (familia de los quirópteros)

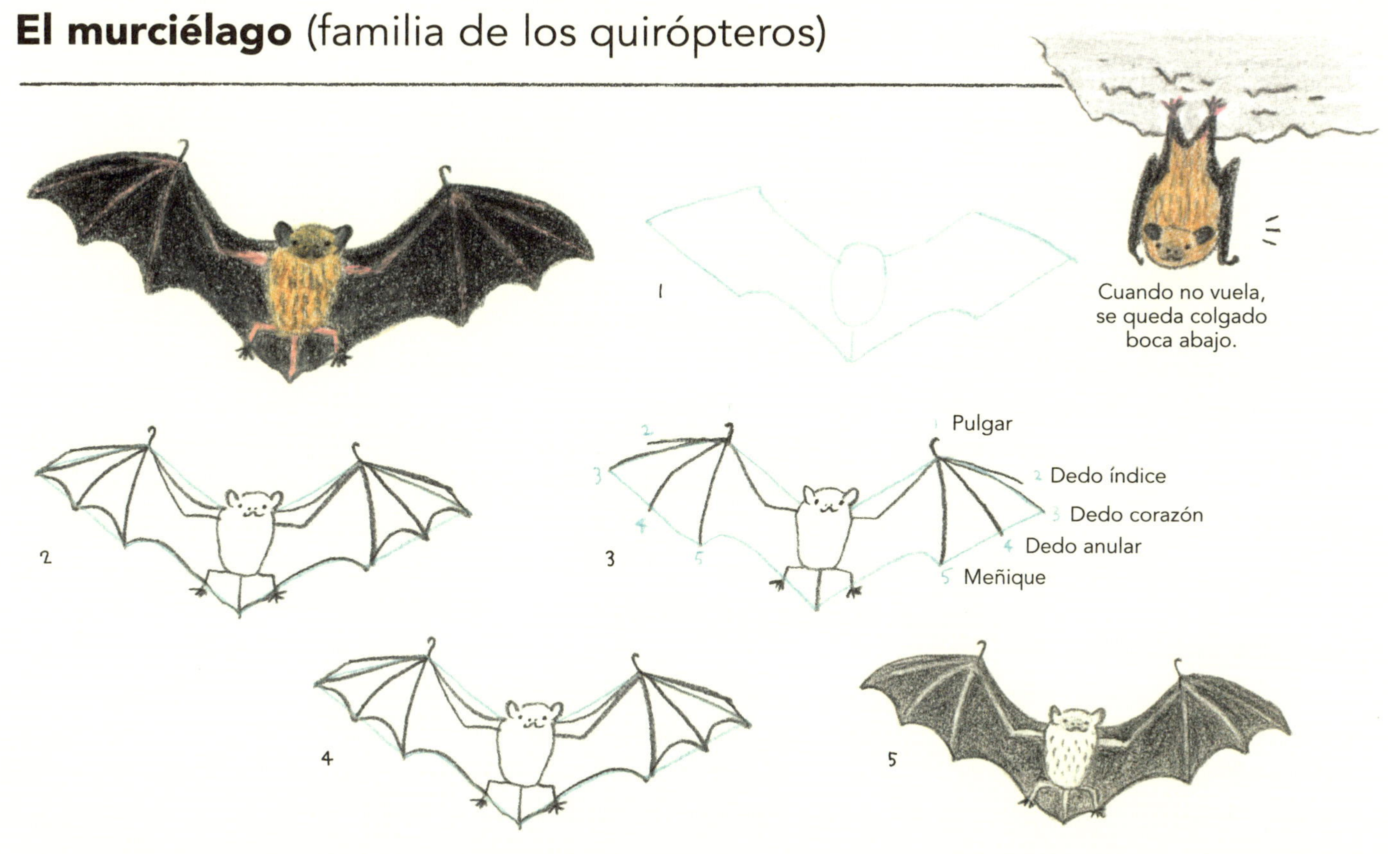

El armadillo (familia de los dasipódidos)

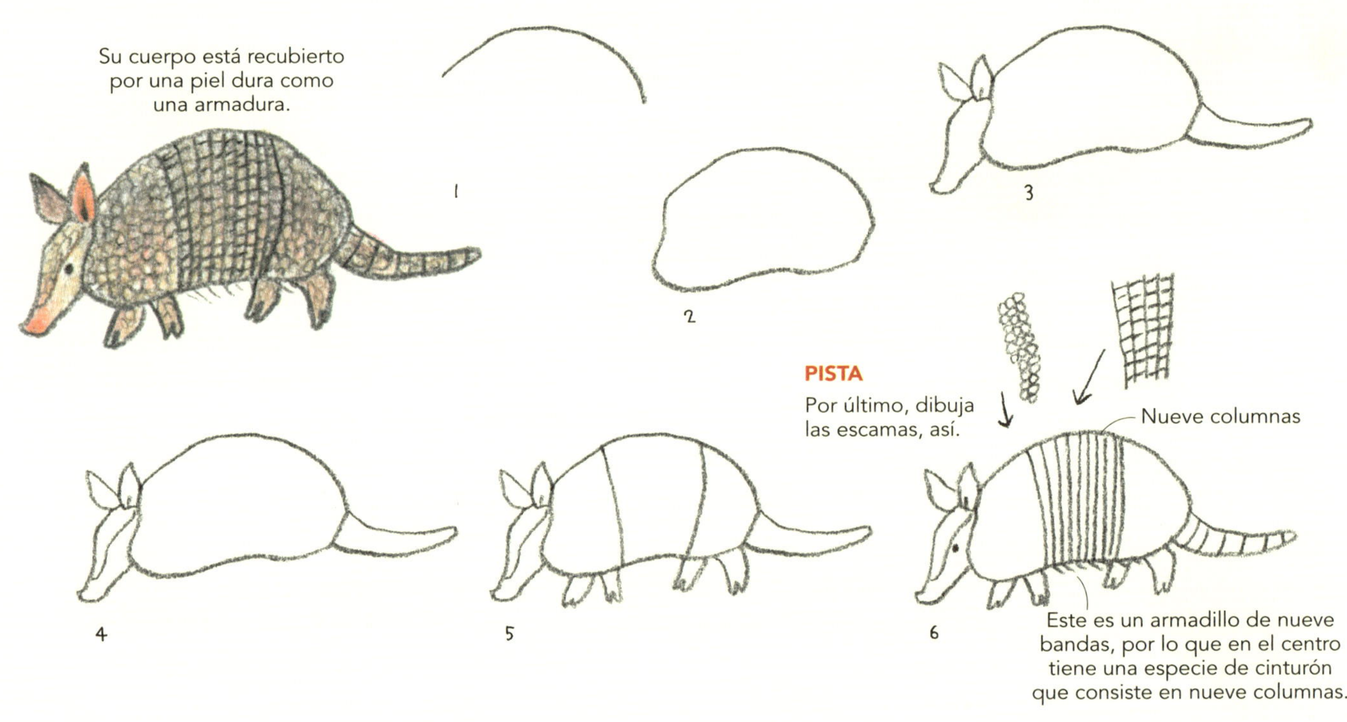

El cerdo hormiguero (familia de los oricteropódidos)

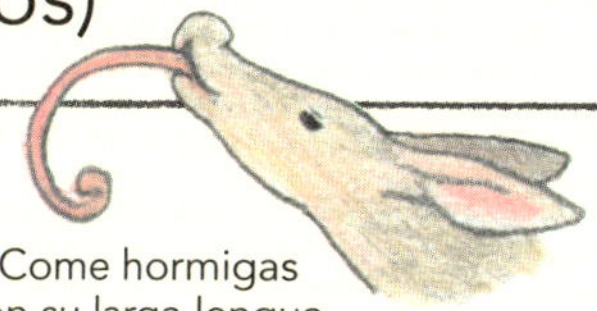

Come hormigas
con su larga lengua.

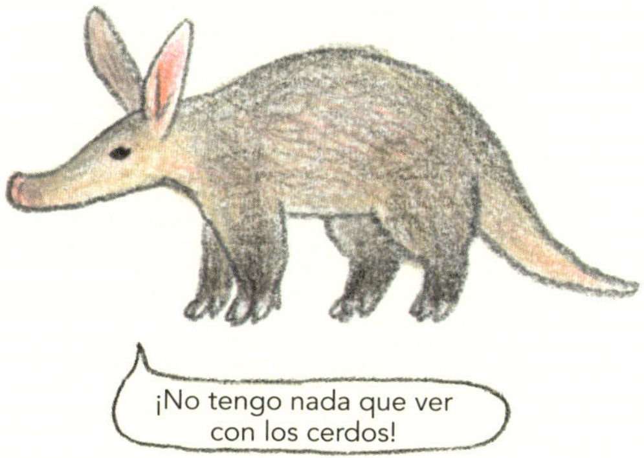

¡No tengo nada que ver
con los cerdos!

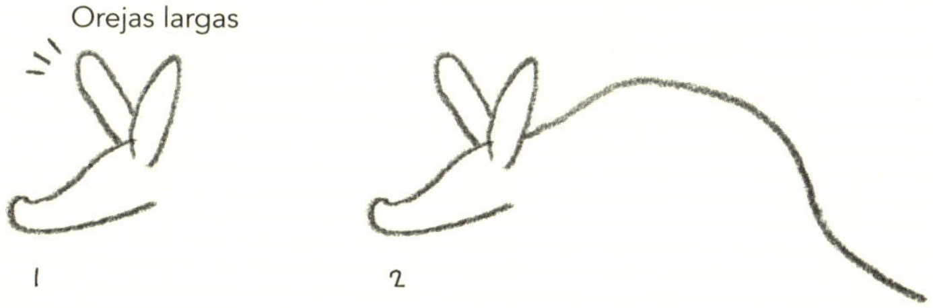

Orejas largas

1

2

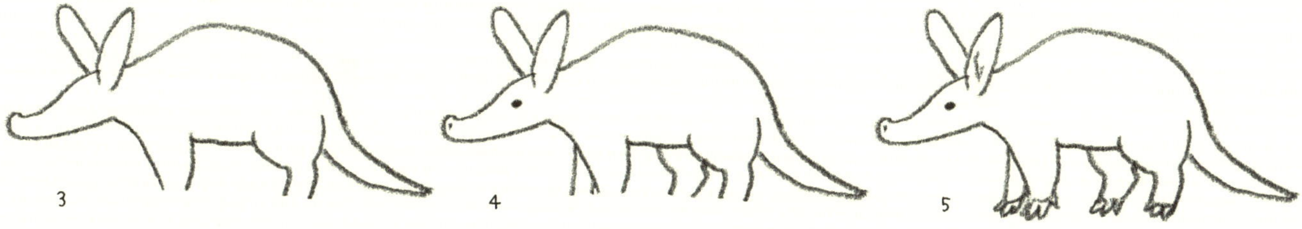

3

4

5

El oso hormiguero gigante (familia de los pilosos)

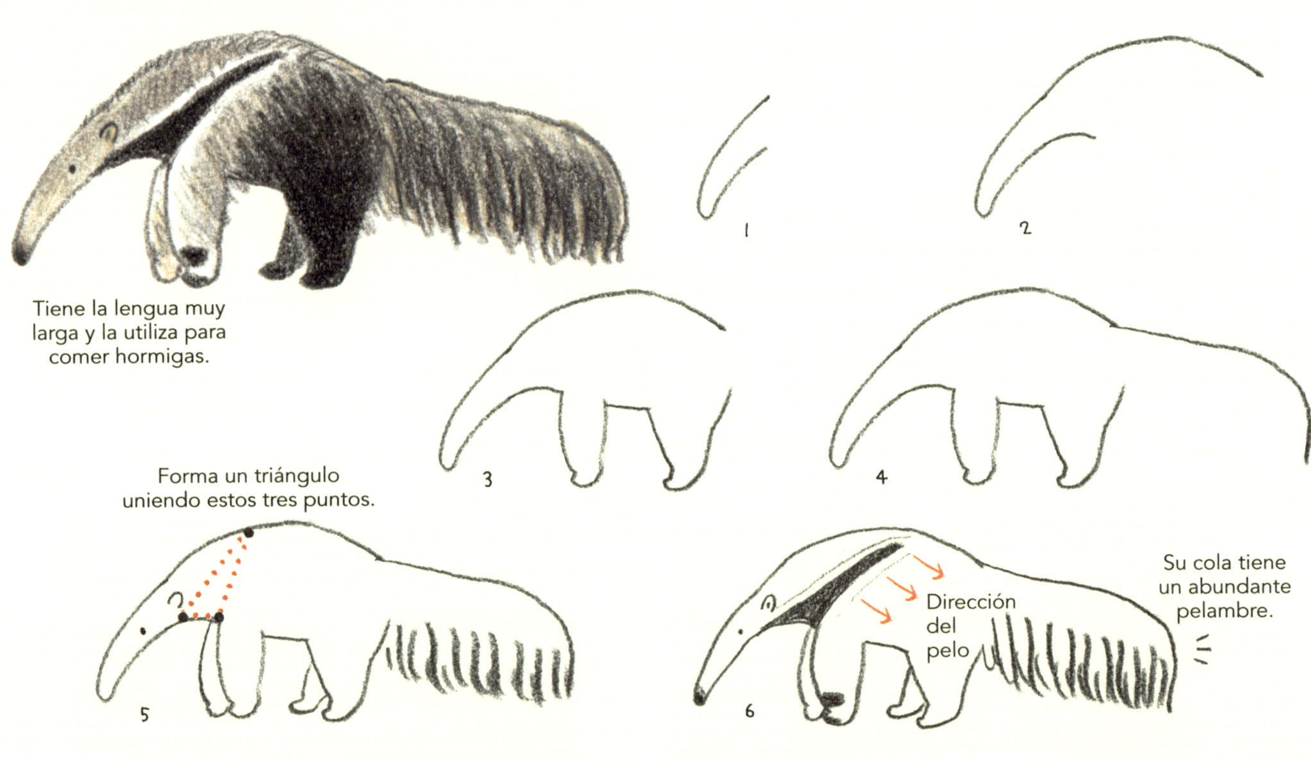

El oso melero (familia de los pilosos)

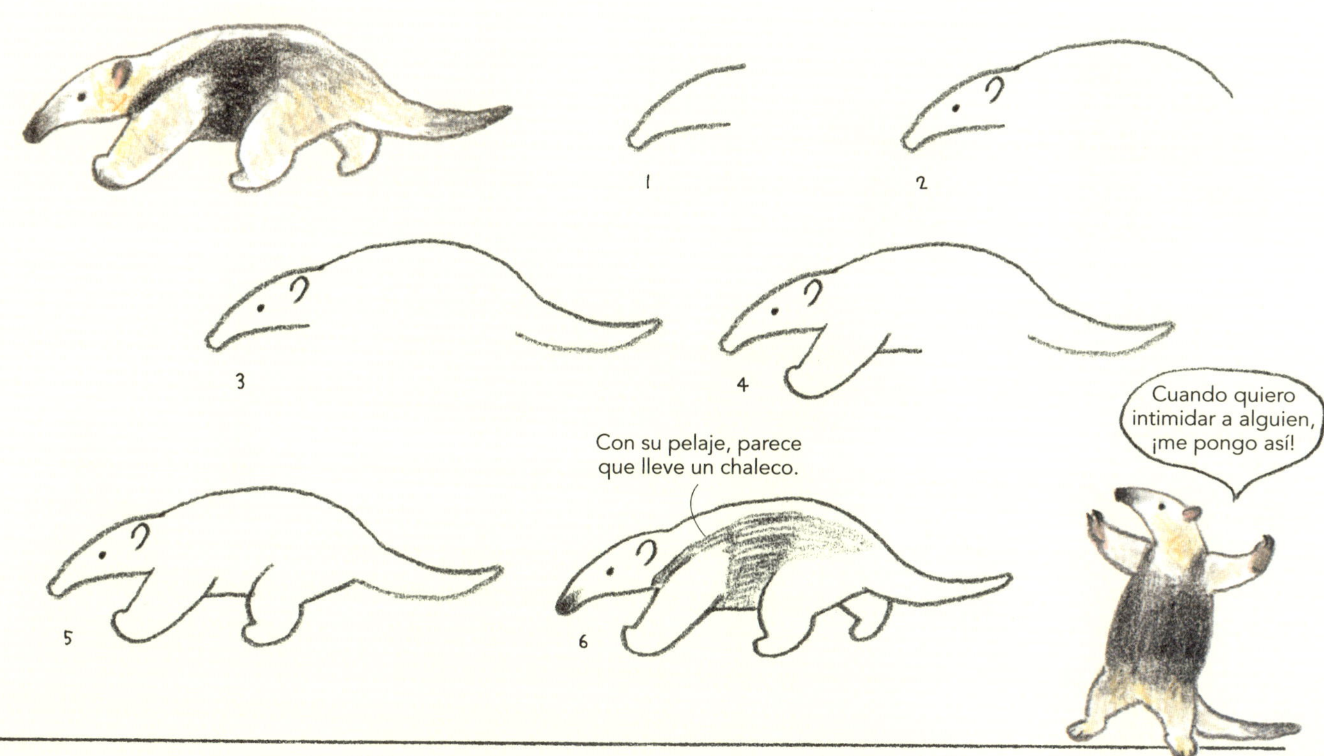

El tapir (familia de los tapíridos)

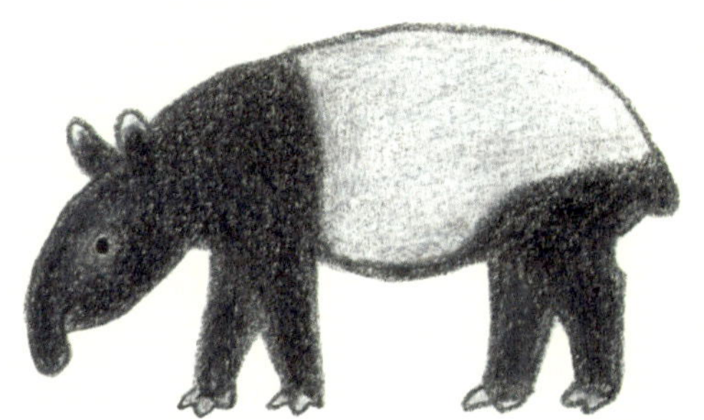

Este es el tapir malayo, que se caracteriza por ser blanco y negro.

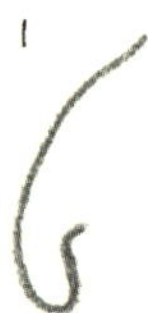

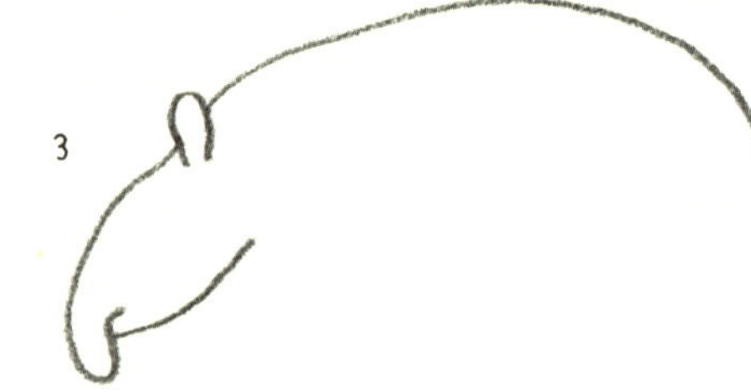

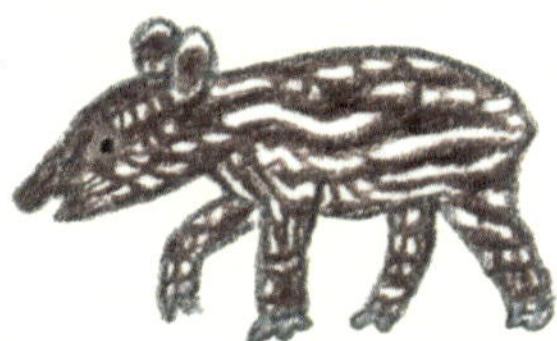

Las crías son rayadas, como las de jabalí.

Este es su aspecto cuando está mudando el pelaje a blanco y negro.

Las huellas del tapir

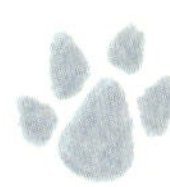

En las patas delanteras tiene cuatro pesuños.

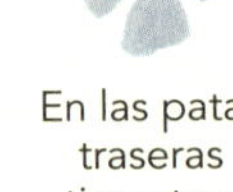

En las patas traseras tiene tres pesuños.

¡Pa!

Cuando anda por un lugar cenagoso, abre mucho los dedos antes de apoyar la zarpa en el suelo para evitar hundirse.

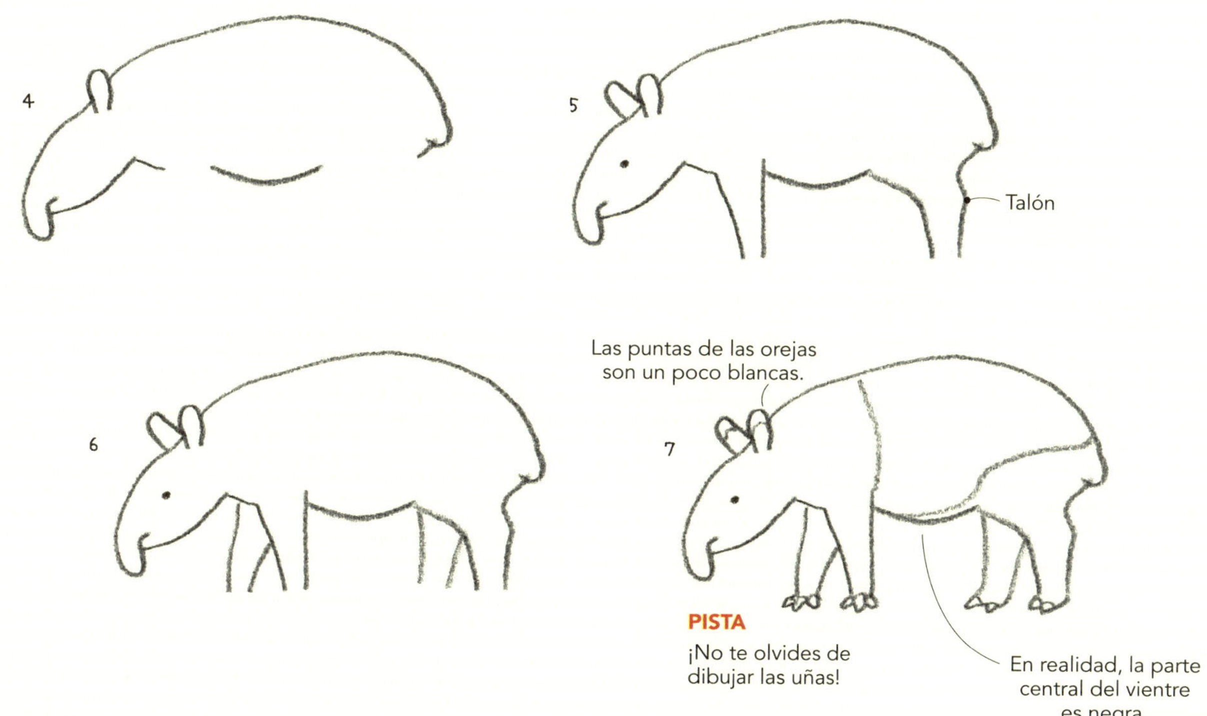
4
5
Talón
6
Las puntas de las orejas
son un poco blancas.
7
PISTA
¡No te olvides de
dibujar las uñas!
En realidad, la parte
central del vientre
es negra.

El panda (familia de los úrsidos)

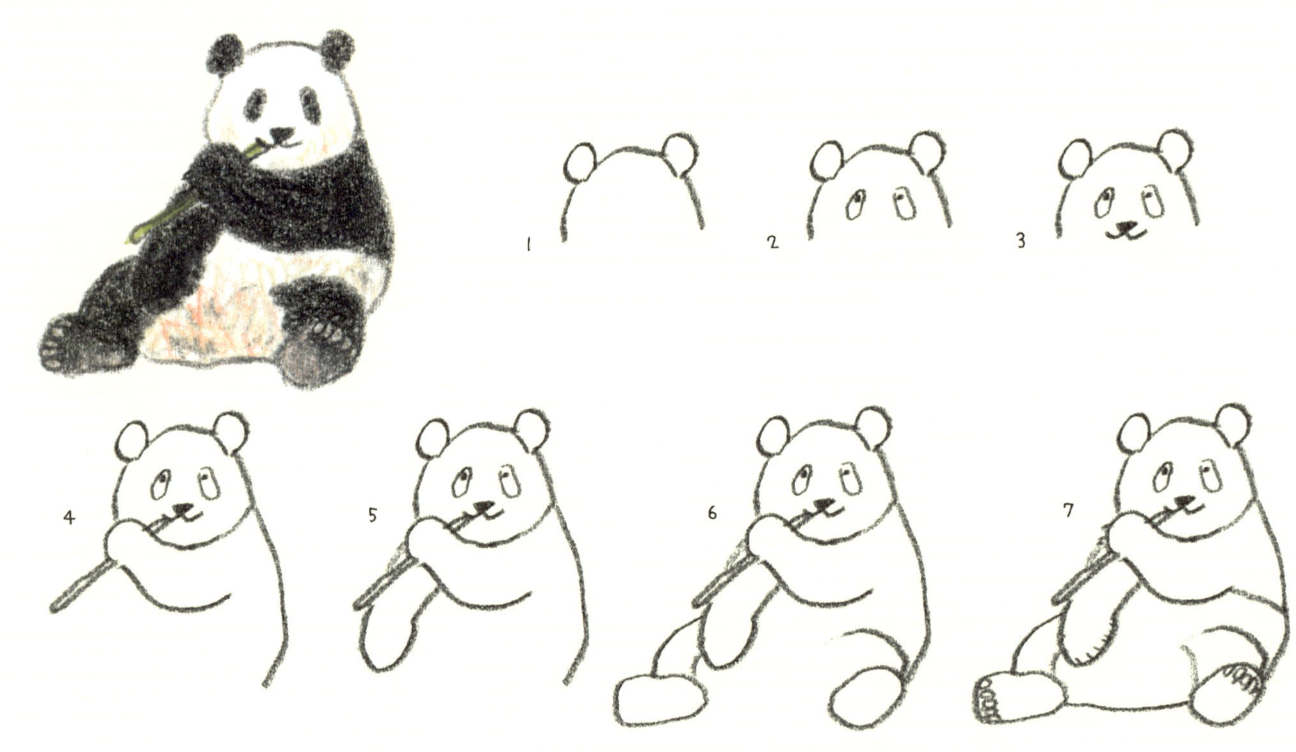

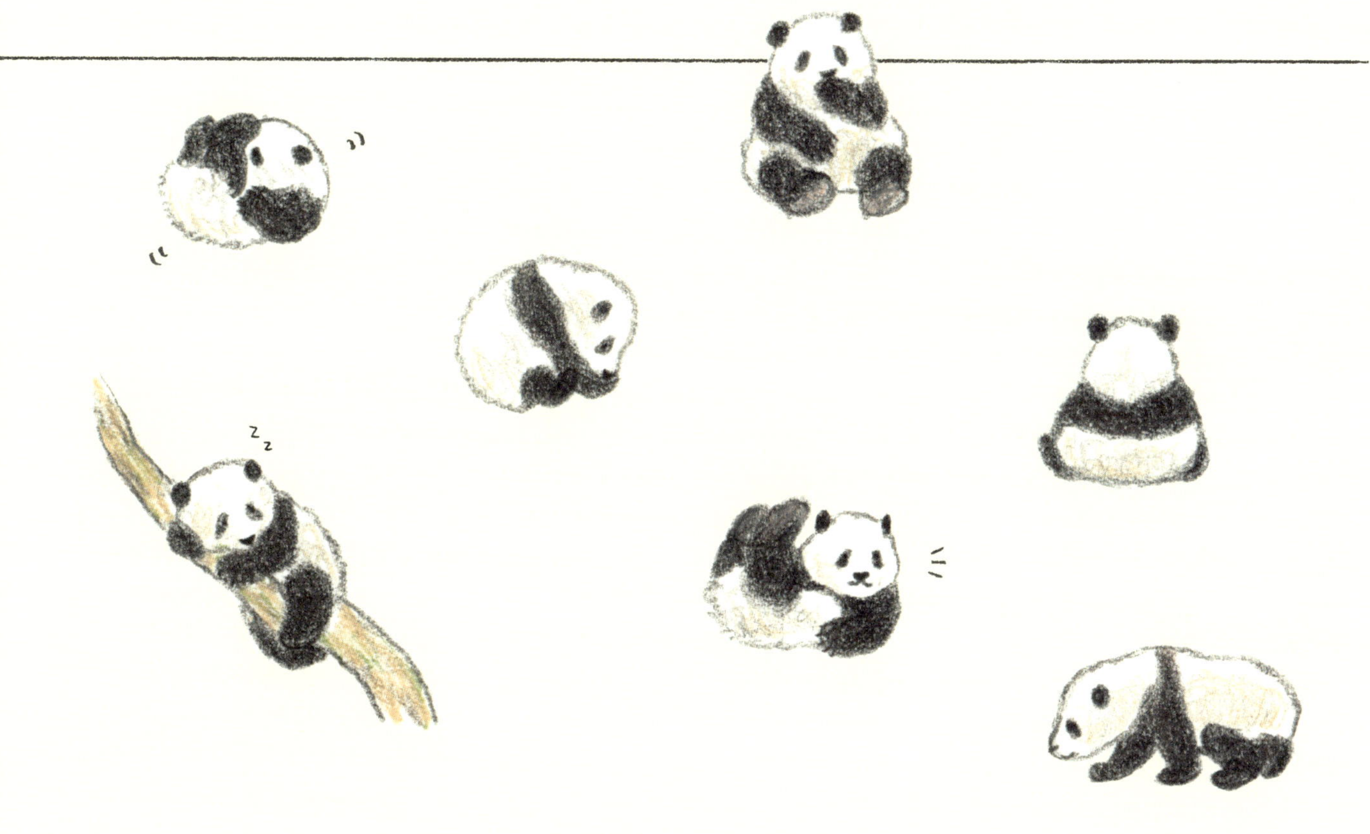

La foca (familia de los fócidos)

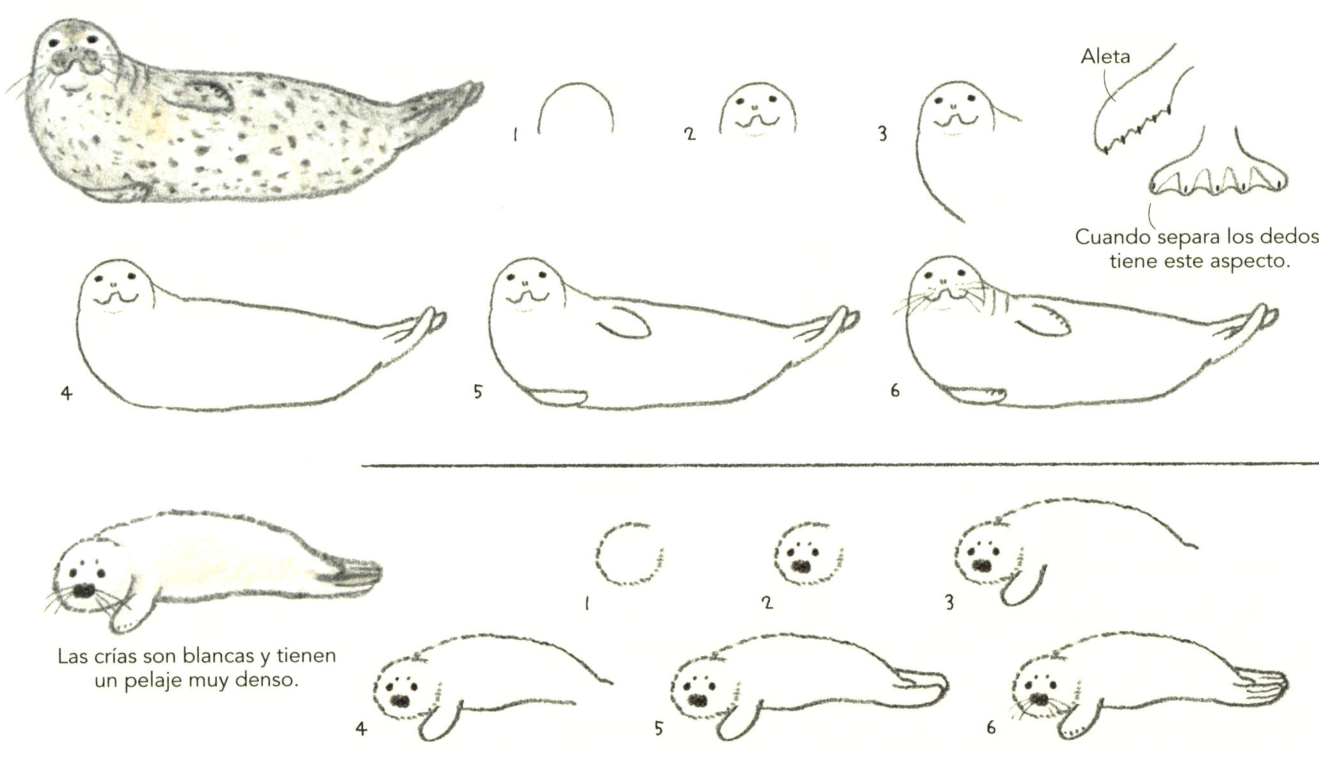

Las crías son blancas y tienen un pelaje muy denso.

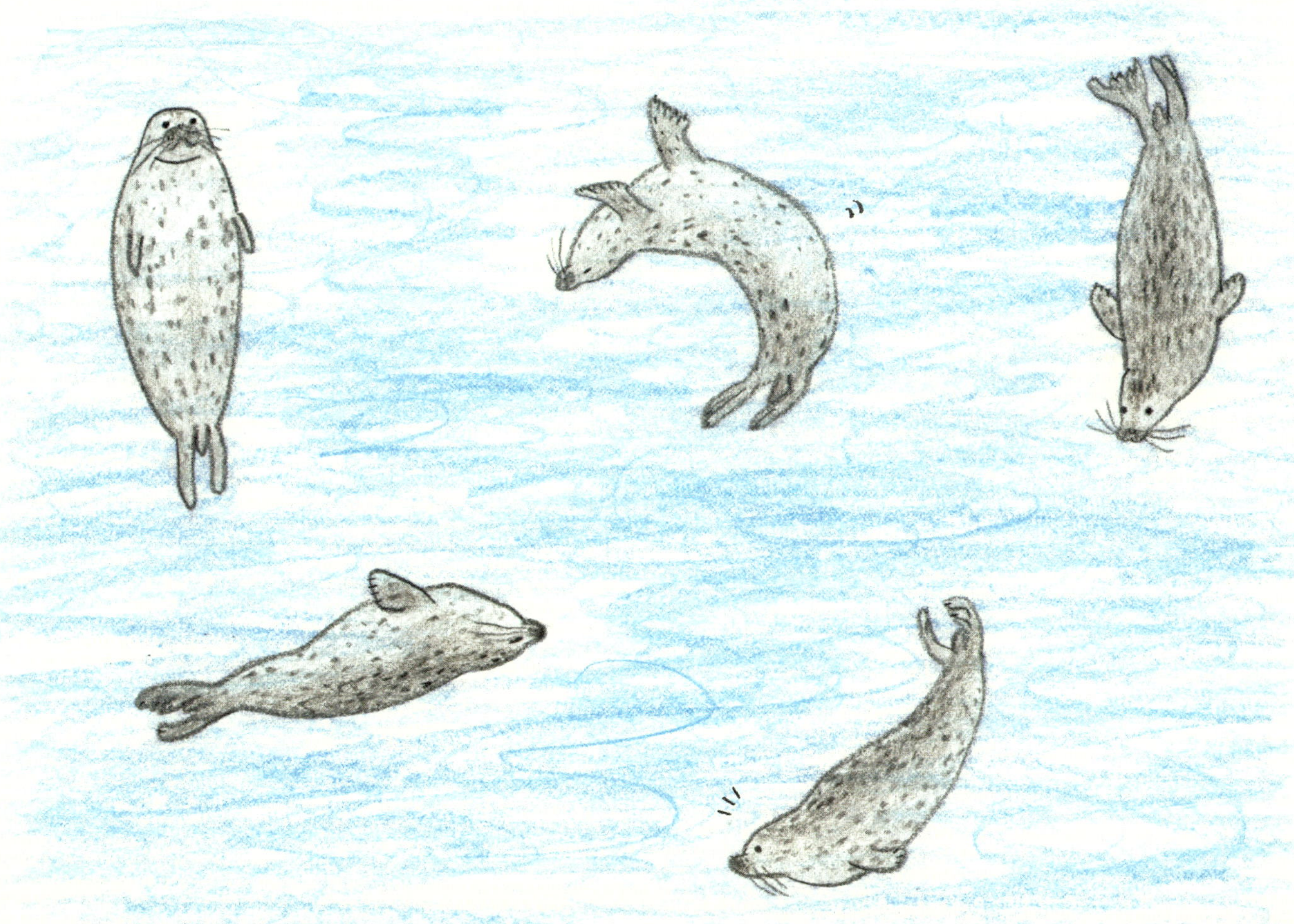

El león marino (familia de los otáridos)

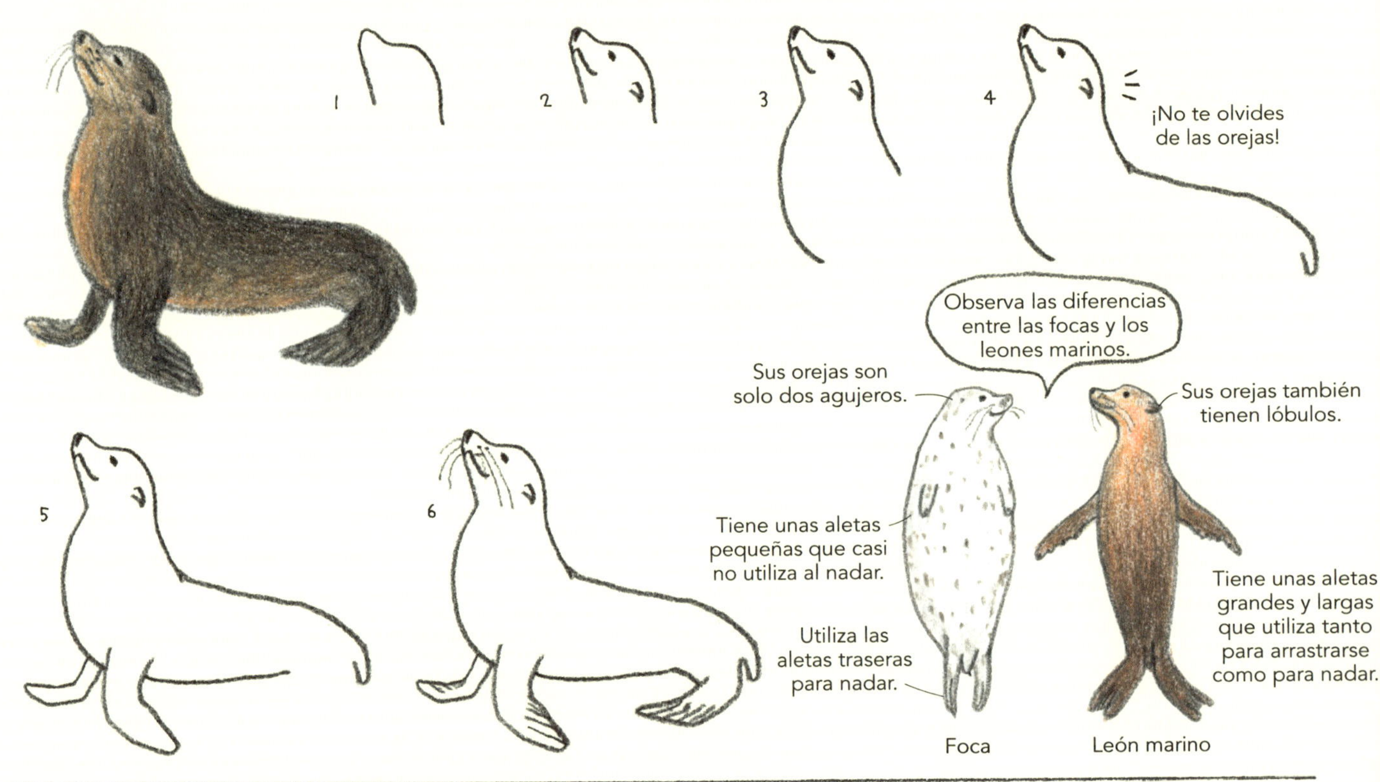

La morsa (familia de los odobénidos)

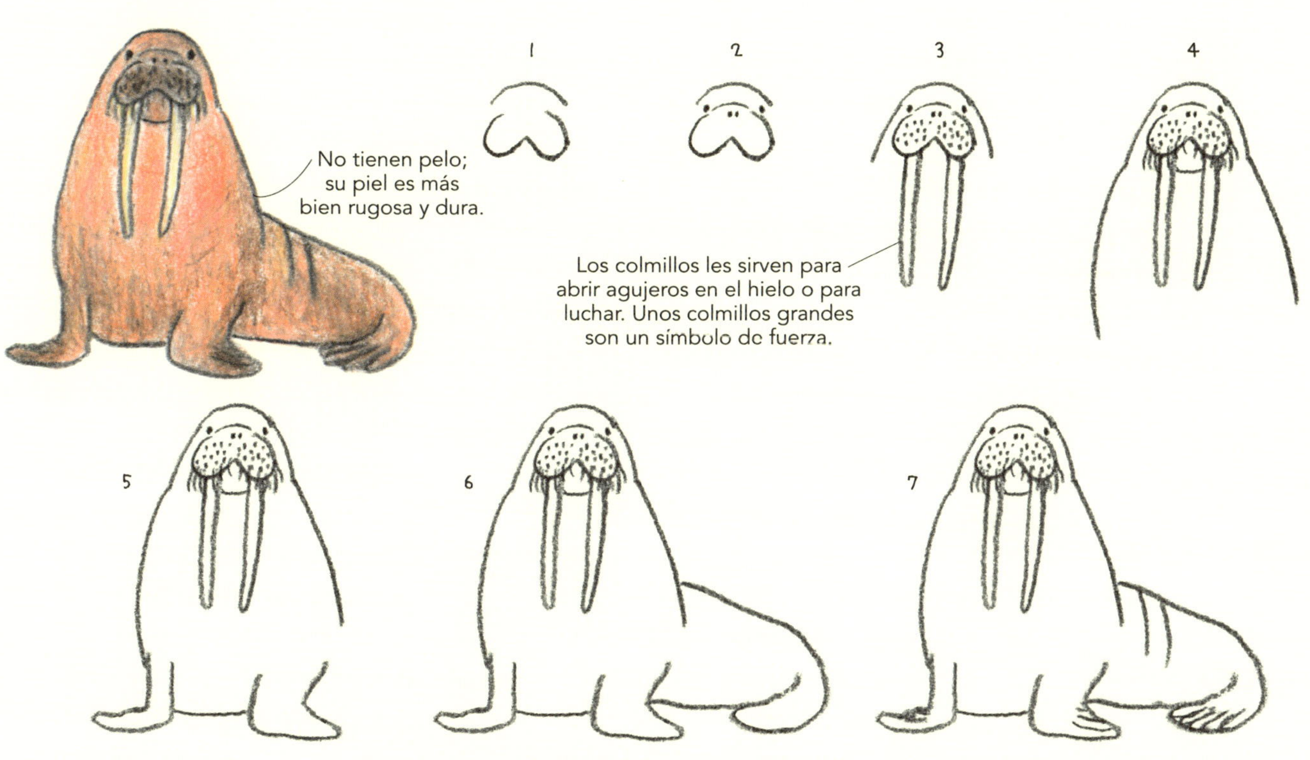

Índice de animales

Las páginas en **negrita** son las que incluyen la mayoría de las explicaciones.

Ai Akikusa

Artista de artes plásticas en 3D, ilustradora y autora de libros ilustrados, se graduó en Diseño Gráfico en la Tama Art University de Tokio.

Trabajó durante un tiempo en el estudio de diseño Nakamori y ahora es artista *freelance*.

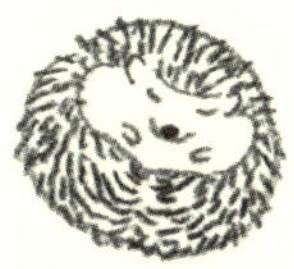

Título original: どうぶつのかたち練習帖 (Dôbutsu no katachi renshûchô), publicado en 2019 por PIE International.

Equipo creativo de la edición original japonesa:
Diseño de Mayuko Watanabe (Oshidori)
Edición de Kayako Nezu

1ª edición, 4ª tirada, 2025

Diseño de la cubierta: Toni Cabré/Editorial GG, SL

Printed in Spain
ISBN: 978-84-252-3317-3
Depósito legal: B.8754-2020

Este libro se ha impreso sobre papel fabricado a partir de madera procedente de bosques y plantaciones gestionadas con altos estándares ambientales, garantizando una explotación de los recursos sostenible y beneficiosa para las personas. También para generar un menor impacto, hemos dejado de retractilar nuestros libros. Con estas medidas, queremos contribuir al fomento de una forma de vida sostenible y respetuosa con el medio ambiente.

Editorial GG, SL
Via Laietana, 47 3.º 2.ª, 08003 Barcelona, España. (+34) 933 228 161